嫌われモノの〈広告〉は再生するか

健全化するネット広告、「量」から「質」への大転換

境 治
SAKAI OSAMU

イースト・プレス

INTRODUCTION

なぜ広告は「嫌われモノ」になったのか？

ネット広告は広告文化を殺している?

ネット広告はヤバい。そう言われて久しい。この本は、ネット広告の何がヤバくて、それをどう解決しようとしているのか。私自身が知りたかったことを、何人もの方々に取材して書いたものだ。

ネット広告は確かに問題が多いが、そうした問題点とは別に、「広告とは何か」がわからなくなっていることも問題だと思う。

2020年3月に、こんなタイトルの匿名《とくめい》ブログを読んだ。

「私は広告制作の現場を辞めて、広告を屠殺《とさつ》する現場に転職した」

書いたのは、広告会社で働く若い人らしい。最初の会社に10年いたとあるので、30代前半くらいだろうか。読んでみて悲しくなった。大ざっぱに要約するとこんな内容だ。

「私は総合広告代理店で制作の仕事をしていた。そこでは、プレゼンの前日にギリギリまで粘って、より良い表現を企画するのが当たり前だった。それは、広告を〝文化〟として保とうという職場のおっさんたちの努力であり、私は土日の撮影や徹夜は大嫌いだったが、少しでも良いものを作るために頑張るおっさんの姿は好きだった。

私は10年その代理店にいたのち、ウェブ広告代理店に転職した。そこでの仕事は前職とはまるで違い、広告の成果をすべて数値化し、視聴率やクリック率が高く出ることだけを目指す広告の作り方をしていた。私には、数字に裏付けされたゴミを作っているようにしか見えなかったので、半年で辞めた。

広告という〃文化〃は、いずれ彼らに食いつぶされるだろう。私はそれを見届けたい」

この内容には共感も反発も多かったようで、このブログ記事はバズっていた。だが、受けとめ方は人によって様々だったろう。私は自分の驚きを、宣伝会議のウェブメディア「AdverTimes」での連載に、次の題で書いた。

「広告のいちばん重要な機能は『心を動かすこと』です。」

私が驚いたのは、記事の内容自体ではなかった。広告がどんな目的で作られ、使われるのか、業界十年選手でもわかっていないように見えたことだ。

広告制作で徹夜するのは、作り手が〃文化〃として保つためではない。広告制作物の多くは、〃心を動かす〃ために作る。だからこそ、粘りに粘って、最大限の効果がある表現にしようとするのだ。

決して文化として守るためではない。「文化として守る」という言い方には、滅びゆくものへの哀愁が込められている気がするが、心を動かすことが、広告のいちばんの機能であることは、この先も変わらない。

形態はテレビＣＭではなく、ネットでの何らかの制作物かもしれないし、紙媒体中心からテレビ中心に移ったように、この先はネットがメディアの王様になるかもしれないが、そうなったとしても、広告は心を動かさなければならない。数値化されようが何だろうがだ。

もう一つ、このブログの書き手がわかっていないのは、転職したウェブ広告代理店が数値化した作り方に躍起になるのは、その多くが認知や興味を高める広告ではなく、直接販売に結びつけるための販促だからだ。総合代理店の「おっさん」が作るマス広告とは役割が違う。

広告制作は文化事業だが滅びゆき、これからは何でも数値化できる、面白みのないネット広告に取って代わられると、この人は捉えているようだ。ウェブ広告代理店より、この人のほうがよほど問題ではないか。

広告業界は、こんな風に全体像がわかっていない、誤解している人だらけになりつつあるのかと、心配になった。

今の広告業界は、確かにおかしなことになっている。それは、ネット広告が問題だらけだから、だけではない。このブログの主のように、広告がそもそもどんな全体像の中で設計されるべきか、理解できていない人が増えているからだ。

今必要なのは、総合代理店の視点を持ち、ウェブ代理店がやっていることも理解している人材だろう。どちらかだけではダメなのだ。

私は総合代理店育ちで、コピーライターとしてマスメディアでの制作物を作ってきた。この10年は、メディアコンサルタントの肩書きで活動していて、もう広告制作の現場はメインの業務にはしていない。

だが、自分でもウェブメディアを運営しており、メディアについての記事を書くライターの立場で、ネット広告も横目で見てきた。また、ネットでのプロモーションの仕事も少しやっており、本書の中で触れるネイティブ広告とスポンサードコンテンツ制作を組み合わせた作業を請け負ったりもする。

両方を完璧に知り尽くしているとは言えないが、マス広告は肌で知っており、実務経験は薄いが、ネット広告もある程度わかっている。そんな私が知り得たことを、私より若い人たちに伝えたいと思う。

広告は嫌われてさえいない？

さて、本書のタイトルでは、広告を「嫌われモノ」としている。広告は嫌われる存在だという人は多いが、そう聞くたびに、少し違うんだがなあと感じていた。

広告制作を主な仕事としてきた私の感覚からすると、「広告は嫌われてさえいない」と言うほうが正確だ。息を殺してあまり主張せずに、ひっそり存在しながらも、伝えたいことを伝えるのが広告というもの。「嫌われている」なんて、逆におこがましいと思うのだ。

これは単なるレトリックではなく、広告というものの本質だと思う。生活の中に溶け込んで、存在そのものまでは否定されないようにしないと、果たすべき機能を果たせないのが広告のフレームだ。一たび嫌われたりしたら、その先ずっとまずいことになる。

「まあ、そこにいてもいいけどね」と言われるくらいが、ちょうどいいのだ。決して邪魔になってはいけないし、目障《めざわ》りな存在になってはならない。

一方、これは〝広告枠〟の話であって、その枠の中での〝広告表現〟は、目に留めてもらい、好かれたり印象に残したりせねばならない。ただし、表現として強烈な印象を残したにしても、すぐに消えなければならないのも広告の重要な性質だ。テレビCMはほんの一瞬だし、新聞広告は翌日にはもう見られない。駅のポスターだって、数日で差し替えられる。広告とは、生活に溶け込んだ広告枠の中で、表現技術を駆使して一瞬の主張を行い、すぐさま消えていくものなのだ。この構造を守っていれば、嫌われることはない。嫌われさえしないからこそ、広告は効力を発揮する。これはこの本を読むに当たって、記憶に留めておいて欲しい概念だ。

そんな広告がある時期から、「嫌われる」存在になってしまった。由々《ゆゆ》しき事態だ。

ただ、嫌われている論を展開する人には、ビジネス的意図が背景にあるようだ。

たとえば、あるメッセンジャーサービスのセールス責任者が、以前にネット上で持論を展開していた。「広告は嫌われるけど、友人とのコミュニケーションは嫌われないでしょう?」という主旨のコラムで、結局、メッセンジャーサービスの広告商品をアピールしたかったらしい。「企業はスタンプで広告しなさい、そうすれば嫌われませんよ」と訴えていたのだ。

メッセンジャーサービスのスタンプを広告に分類すると、話がややこしくなる。昔で言うと、テレカを広告だと主張するようなものだ。ブランドのスタンプが広告として機能するのは、あらかじめテレビCMなどでそのブランドを認知しているからであって、スタンプさえあれば広告が要らなくなるわけではない。

嫌われている論は、そんな風にある種、無秩序に、論理性を欠いた形で展開されることが多かった。それはネットの世界では、広告とそれに近いツールの境目が曖昧《あいまい》だからだと思う。

いつの間にか話題にもならなくなったが、Amazonが一時期「ダッシュボタン」を推していたことがある。ブランドロゴ入りのボタンを冷蔵庫に貼っておき、たとえば洗剤が切れたら押し、ミネラルウォーターが欲しければ押す。すると、Amazonからあっという間に配達されるというツールだ。

先の人物は同じコラムの中で、「これも広告なのだ！」と主張していたが、ダッシュボタンはどう見ても注文用ツールに過ぎない。これを広告としてしまうと、わけがわからなくなってしまう。

ややこしいのは、ネット広告の主役であるバナー広告も、このダッシュボタンに似ていることだ。商品名が小さな画像と一緒に示された時に、このバナーを押すのは、すでにその商品が気になっているからだろう。私は広告が嫌われているとの議論を聞くと、そもそもバナー広告は広告なのだろうかと疑問に感じていた。

私は広告制作に従事してきて、広告は接触する人の気持ちに作用するものだと認識していた。商品の名前とともに、だいたいどんな商品かを知り、興味を持ってもらう。広告は、そういう「心理的変容」をもたらすものだと思ってきた。

しかし、バナー広告を見ただけで、その商品を好きになったり、興味を持ったりするケースは少ないと思う。では、バナー広告は広告なのか?

広告が嫌われている論には、そういった議論の前提から、整理がついていないことが多い。仮にバナー広告は広告の一種だとしても、テレビＣＭや新聞広告と一緒には扱えないのではないか。この本ではその整理から書いていきたい。

「表示方法」こそが元凶である

もう一つ重要なのは、実はすでに、嫌われている論に対して決着がついている点だ。広告が嫌われているのではなく、ネット広告の表示のやり方が嫌われているのだ。

次ページの図は私が作成したもので、不快な広告の典型的な例を示している。

左は、ページを開くと本来読むべき見出しとは別に、上下にバナー広告が表示されるうえ、見出しの下にも広告文言が配置され、別のボタンもついている。これでは記事の中身

不快になる広告表示の例

どれが記事本体かわからない

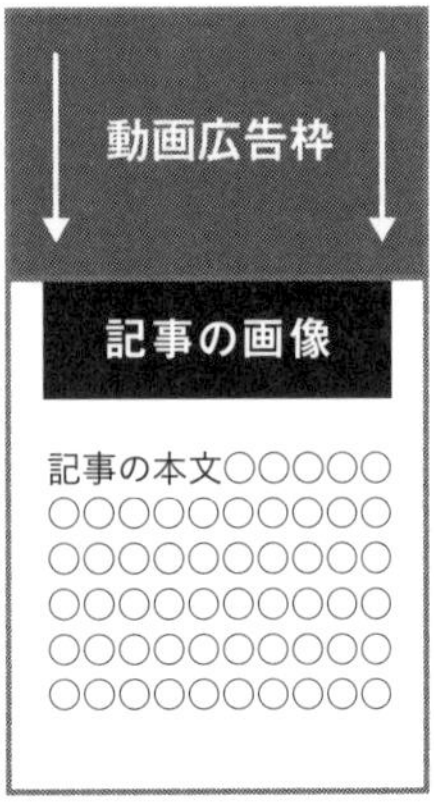

記事の画像に被さる動画広告枠

を読む際に、うっかりどれかの広告を押してしまいそうだ。誤って押すと、企業の商品ページに連れていかれてしまう。

右側の例は、記事を読もうと開くと、見出しと画像に覆いかぶさる形で、動画広告が表示されるもの。動画を消すために小さなボタンを押そうとすると、誤って商品サイトに飛ばされる。

こうした動画広告のフォーマットが一時期流行《はや》り、立派なメディアの記事にも使われていた。さすがに右の動画広告のフォーマットはずいぶん減ったが、左のような記事と広告の区別がつかないサイトは今もたくさんある。

しかし、これらは広告自体が嫌われてい

る例ではない。その表示方法が、記事を読む行為を阻害するために嫌われている。広告ではなく、表示の仕方が嫌われるのだ。

広告が嫌われているとの議論に際し、かなり前から冷静なネット民たちは、「広告そのものではなく、表示方法が嫌われているのだ」と反応していた。何が問題かは、とうに決着していた。

そして、この議論に終止符を打つようなデータが、日本インタラクティブ広告協会(JIAA)によって、2019年12月に「2019年インターネット広告に関するユーザー意識調査」として発表された。

その中では、「インターネット広告の評価は?」の項目で最も「嫌悪感を感じる」とされたのは、「広告表示のされかた」(54・0%)だった。一方、「広告の必要性はどれだけ感じられている?」の項目では、「無料でサービスを利用できるなら、広告はあっても良い」(77・6%)が圧倒的多数で、「サービスの有料・無料にかかわらず、広告はあっても良い」(13・1%)と合わせると、90・6%が広告を受容していることもわかった。

つまり、広告はあってもいいが、今の表示方法には嫌悪感を持つことが多い、ということだ。企業にとって問題なのは、表示方法が嫌われてしまうと、その広告に載っている商品まで嫌われてしまう可能性があることだ。また、広告を掲載するメディアも、読者が嫌がる表示をしていると、そのメディア自体が嫌われてしまいかねない。

現に、私には不快な広告表示が原因で嫌いになったブランドや、二度と見ないと決めているメディアが複数ある。広告の表示方法という瑣末《さまつ》な問題が、企業やメディアのブランド価値へもマイナスをもたらしているのだ。

では、嫌われるのは表示方法だと判明したら、ネット広告の問題は解決するのか？

いやいや、さらに根深く厄介《やっかい》で多様な問題が、ここ数年噴出してきた。不愉快な表示が微笑ましく思えるくらい、悪質な問題の数々。これを業界では、「ブランドセーフティ」などの用語を用いて、課題を共有し始めている。

企業ブランドへの影響は、表示方法の比ではないだろう。ブランドセーフティの問題を解決しないと、これからの企業は生き残れないかもしれない。

ネット広告の最前線を、多様な人びとに取材して回り、今後を明らかにする。それが本書の主題だ。さらに広告の問題点は、そのままネットメディアのマネタイズの課題でもある。ここを解決しない限り、マネタイズもできないだろう。本書では、この点も取材し、

インターネット広告各要素への意識〈嫌悪感を感じる計〉

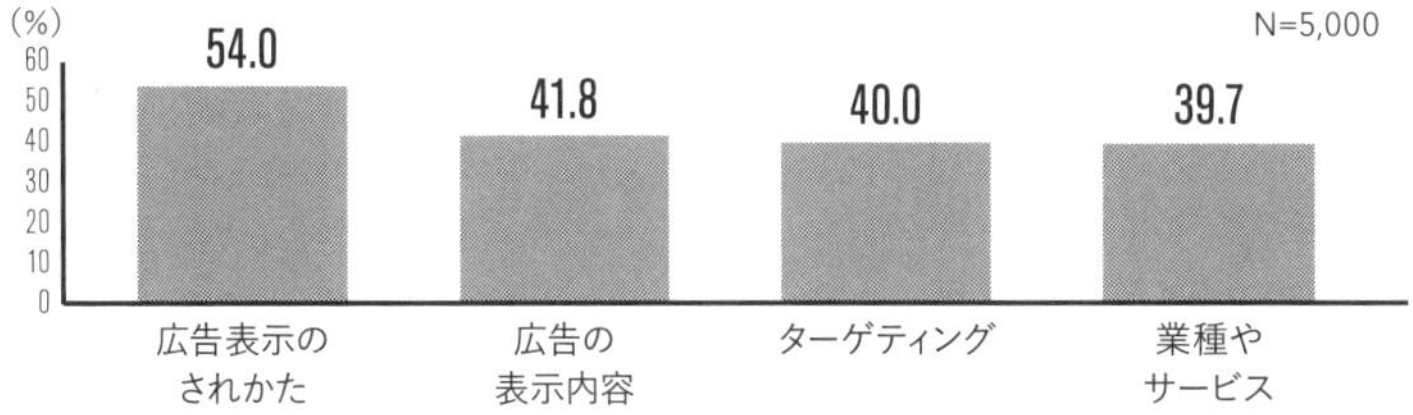

インターネット広告に関する特徴〈ネガティブ〉

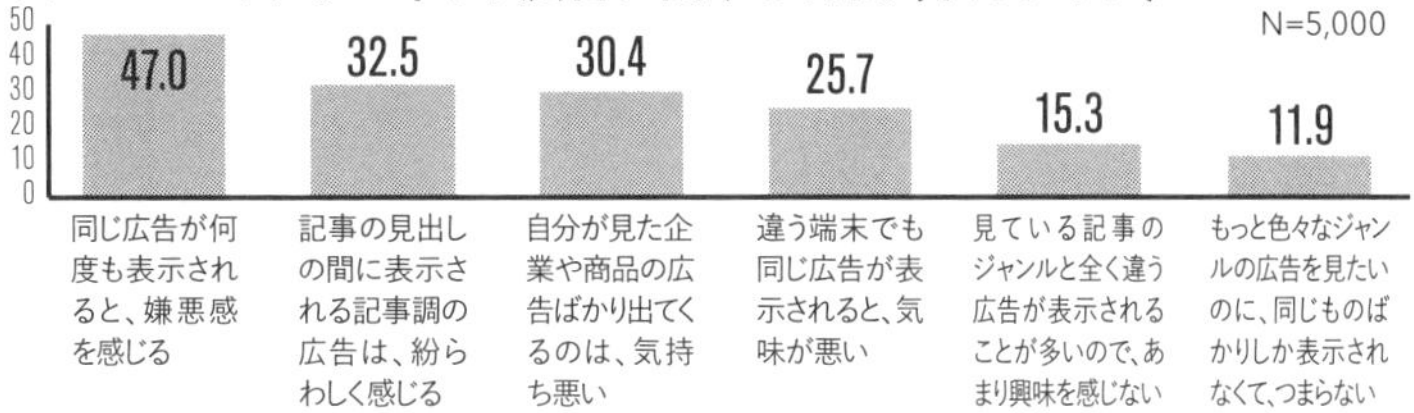

広告受容度

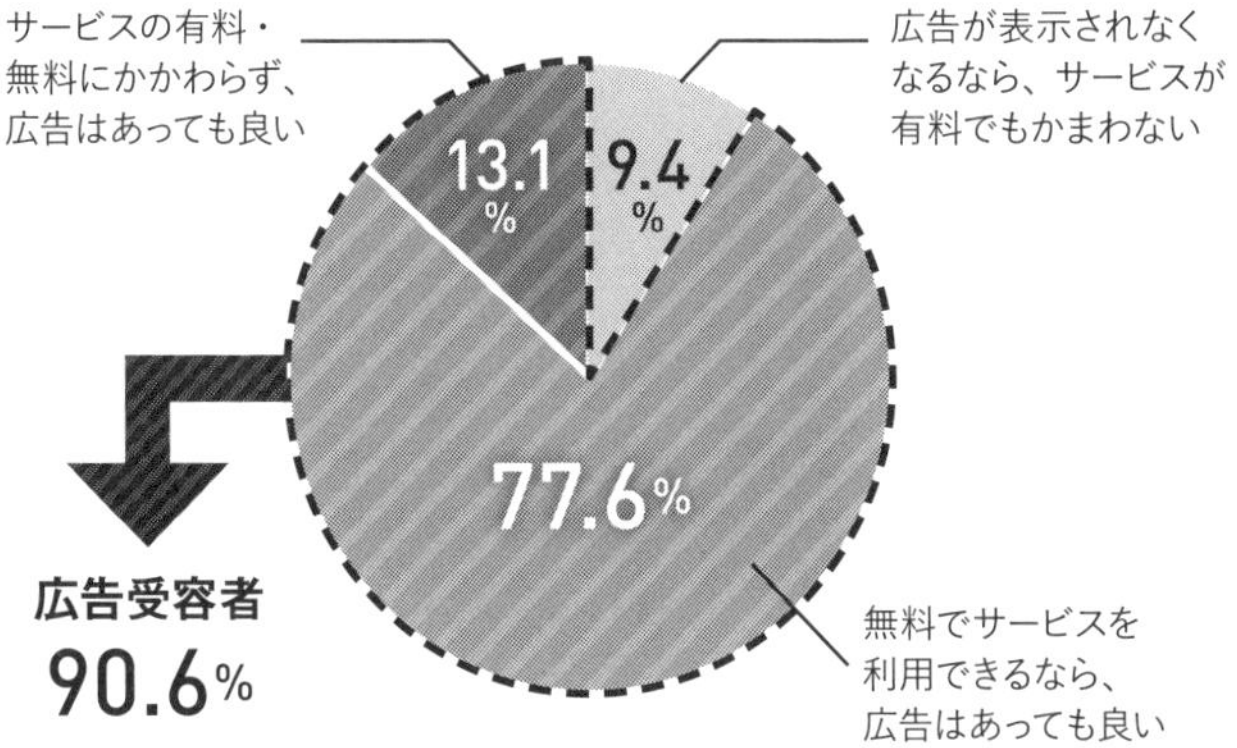

※「インターネット広告各要素への意識〈嫌悪を感じる計〉」「インターネット広告に関する特徴〈ネガティブ〉」は複数回答可。
※「広告受容度」は小数点第2位以下を四捨五入しているため、全体で100%にならない。

日本インタラクティブ広告協会「2019年インターネット広告に関する意識調査」を基に作成

論考している。時々広告の話題からメディアの話に逸《そ》れてしまうかもしれないが、広告の課題の延長として受け止めてほしい。

この本の構成を大まかに説明しておこう。

第1章では、ネットでのメディアと広告の関係を追ったあと、WELQと漫画村の二つの「事件」が告発されるプロセスを見る。第2章では、ネット広告の問題点を整理したうえで、それらが起こった背景を「棲み分け」をキーワードに説明する。第3章では、そうしたネット広告の問題点を解決するべく始まった業界の動きを、「アドバタイザー宣言」を軸に見ていく。

第4章では、ネット広告の問題を生み出していた、PV数への依拠から脱却する新しいメディアビジネスの在り方を、二つの企業を例に見ていく。第5章は補足として、テレビCMの指標が今変化しつつあることを解説し、ネット広告との相似性を感じてもらう。最終章では、まとめとして、今後のメディアのエコシステム（ビジネス上の強調関係や産業構造）はどう構築されるか、希望的な私見を述べる。

おそらくネット広告について本当に詳しくリアルな話は、企業でマーケティングをメディア横断的に転がしている人のほうができるだろう。

ただこの本は、もう少し概観的に「考え方」を書いているので、この機にネット広告を知りたいマス広告出自の方、逆にマス広告からの視点を知りたいネット広告従事者には、頭に入りやすいと思う。さらに、企業の宣伝部にいる管理職層やコミュニケーション担当役員の方で、「で、ネット広告って、何がそんなにヤバいの?」と思ってる方にも、わかりやすい本になっているはずだ。

ネット広告は、これからどうなるのか。そして、ネット広告が支えるネット上のメディアは、どう運営していくべきなのか。そんな疑問を晴らすべく歩き回った私の旅に、ぜひ付き合ってもらえればと思う。

INTRODUCTION

なぜ広告は「嫌われモノ」になったのか？

CHAPTER 1

ネットメディアと広告の結びつき
――「ネット広告の闇」を暴いた二つの告発

CHAPTER 2

ネット広告というブラックボックス
——破壊された棲み分け

CHAPTER 3

ハードルを越えるための解決策
——ホワイトリストと意識改革

CHAPTER 4

PV商売からの脱却を図るメディア
——「コンテンツ価値」という答え

CHAPTER 5

テレビCMにも起きている変化の波
――視聴率から視聴質への転換

LAST CAPTER

これからの広告の在り方はどうなるか？

CHAPTER 1

ネットメディアと広告の結びつき

――「ネット広告の闇」を暴いた二つの告発

雨後の筍のように出現したネットメディア

ネット広告の問題が噴出したのは、ごく最近のことだ。

インターネット自体は、1990年代には日本でも普及していたし、Yahoo!をはじめネット上でのメディア（もしくはプラットフォーム）は、2000年代にはすでに発展していた。その当時も、ネット上での広告やメディアの問題がなかったわけではないが、今思えば牧歌的な時代だった。それなりにネット社会の秩序が形成され、マスメディアを徐々に脅かしつつも、穏やかに存在していた。

今の問題の地盤は、スマートフォンとSNS（Social Networking Service）の普及がもたらしたと言っていい。

2000年代半ばまでのネットはPCがメインで、専門知識が必要な少しハードルを感じるものであって、誰でも簡単に使えるものではなかった。ネットを舞台にするのはITに詳しい若者たちで、特殊な存在だった。そのため多くの人にとっては、一般社会から少し遠いところで時々起こる騒ぎが、垣根を越えてこちら側にもやってくる感覚だった。

スマートフォンは、そうしたネット社会と一般社会の垣根を壊してしまった。誰でも片手で、簡単にインターネットのサービスが使えるデバイスとして、２０１０年前後からまず若い人に、次に中高年に普及した。若者といっても、２０００年代のＰＣ時代と違って、ＩＴに強いかどうかは関係なく、誰でも持つものになった。

並行して、ＳＮＳが普及した。スマートフォンとの相性が抜群によく、肌身離さず持ち歩くスマホで、感じたことをどんどん共有するライフスタイルができていった。「バズる」舞台の誕生だ。何か面白いコンテンツがあると、Twitter 上で拡散していき、とんでもない数の人の間で共有される。

それまでは、多くの人に物事を知らせるには、テレビなどのマスメディアの力が必要だったが、スマホとＳＮＳの普及によって、ユーザー側から情報を拡散できるようになった。情報伝達のイニシアティブを、普通の人たちが握るようになったのだ。これはメディアにおける革命だった。

そこに大きな突破口が生まれた。新しいメディアがパワーを持つ可能性が、スマホとＳＮＳで生じたのだ。本当に雨後の筍《たけのこ》のような勢いで、ベンチャー企業が中心となって、次々にネットメディアを立ち上げた。「バイラルメディア」の勃興だ。

「バイラル＝伝染的」なメディアが、人びとの興味をそそる見出しと題材で記事を発信する。うまい見出しや驚くような画像がキーになって、ＳＮＳ上でどんどん拡散される。そんなことができるようになった。バイラル化する記事、つまりＳＮＳ上を伝染するように拡散する面白記事が、どんどん配信された。

乱造されたメディアが生む無秩序な広告空間

バイラルメディアは、言ってみれば素人の手によるメディアだった。これまでの活字メディアは、新聞社や雑誌社が作るものであり、記事を書いたり、編集したりするには、そうした会社に所属して、何年もの経験を積む必要があった。「一人前」になるための修行を経たうえで、記事を書き、編集することができるようになる。

メディアを作り出し、流通させるには、印刷してもらい、配本してもらう必要もあるため、かなりのコストもかかった。そういった手間のかかるシステムが、メディアを作って循環させるには必須だった。

ところがネット上では、誰でもメディアを立ち上げ、誰でも記事を書き、編集者になることができる。メディアを持つ自由を誰もが手にした。スマートフォンの登場で、その自由度が猛烈に加速し、ＳＮＳがそのスピードを際限なく上げた。わずか１カ月前にできたメディアに掲載された記事が、ＳＮＳでバズることで瞬《また》く間に莫大なＰＶ数（Page View：ウェブページへのアクセス回数）を獲得することも可能になった。

人びとにとっては、新しいメディアが続々出てきて、スマホ上を楽しく彩ってくれる、いい状況だったのは間違いない。しかも、いちいち書店に行ってお金を払わなくても、記事が次々に無料で読める。暇つぶしには事欠かない状況が生まれた。

一方で、十分な経験がない人びとが、一斉にメディアを立ち上げたので、粗製乱造の状態になった。まともに取材もせずに、文章力がまったくともなっていないライターが、数十分で書いた記事が飛び交った。レベルの低い記事でも、それを評価したり手を加えたりしない編集部がどんどん送り出す。

目を引く見出しと珍しい画像があれば、とりあえず記事を開いてくれるし、バズる可能性もある。読んでもらうかどうか、何かを伝えたいかどうかではなく、何でもいいから記事を開いてもらう、そのためだけの記事がスマホ空間を埋めていく。

記事を開かせれば、広告が表示される。表示さえされれば、１インプレッション（ウェブ上での広告表示回数の単位）としてカウントされ、何らかの広告価値が生まれる。１インプレッション当たりの広告収入は０・１円、０・01円などミクロな金額だが、それが千単位、万単位の広告表示になれば、一応の経済価値になる。

個々の記事が生み出すのはわずかな金額でも、そんな記事を限りなく生み出せば、ともかくにもビジネスになるのだ。ある意味、無からお金が生み出せる打ち出の小槌《こづち》だ。

これまでのメディアでは、無からお金は生み出せなかった。プロの書き手がプロの編集者の依頼で取材に行って、二人でやり取りして文章を磨き、プロのカメラマンが撮った写真を使って記事にしていた。そこまでには、かなりのコストがかかる。

本来はネットでも、同じような取材のプロセスが必要なはずだが、新しく勃興したバイラルメディアは、そんな面倒をそもそも考えない。何でもいいから文章と画像を掲載すれば、記事はできてしまう。

大学生をアルバイトで雇ったり、当時生まれたクラウド人材サービスで声をかけたりして、到底プロとは言えない書き手を使って、何でもいいのでと記事を作らせる。ファストフードのアルバイトとさして変わらないバイト代で、大学生たちが次々と記事を生み出す。

記事の元は、ネットを見て回って得た情報で、それを適当に集めて記事に仕立てる。画像もあちこちのサイトから保存した画像を、著作権をクリアせずにそのまま載せる。そんなことが、当たり前のように行われた。

そんないい加減な記事でも、誰かが面白いとシェアすれば、時にバズり、想定以上のPV数をもたらすこともある。だから、情報が事実かどうかは確認しなくても、バズりそうなネタがあれば、とにかく記事にする。かくしてバイラルメディアの怪しい記事が、日常的にスマホで飛び交うようになった。

メディア状況を複雑にした転載文化とキュレーションメディア

記事の価値を混沌とさせたのは、いい加減なバイラルメディアだけでもない。新しいメディアの一つの形態として、「転載」が当たり前になったことも大きいと思う。典型的なのが、BLOGOSや初期のハフィントン・ポストのようなブログを集約したメディアだ。

BLOGOSはライブドア社が始めたメディアで、個人が書くブログ記事を集約したものだ。BLOGOS自身は、ほとんど記事を作っていない。多種多様なブロガーの、ありとあらゆる記事が読めるサイトとして、一定の読者を獲得した。スマホとSNSの時代の前から存在する、ブログ転載メディアの老舗《しにせ》と言っていい。

私にもある日コンタクトがあり、「あなたのブログの記事を転載したい」と告げられた。

了承すると翌日から、私が記事を書くと、すぐにＢＬＯＧＯＳに転載されるようになった。自分のブログに載せるだけより、ずっと多くの読者に読んでもらえる。そこにギャランティのやり取りは一切なかったが、もともとお金にする気はないブログだったので、単純に読者が増えるのは嬉しかった。

アメリカでアリアナ・ハフィントン氏が始めたハフィントン・ポストが、海の向こうで話題になっていると思ったら、２０１３年に日本でもハフィントン・ポスト・ジャパンが、朝日新聞との提携でスタートした。

初代編集長の松浦茂樹《まつうらしげき》氏に知人が引き合わせてくれ、記事の転載を依頼された。光栄に思い了承し、翌日からやはりブログを書けば、ハフィントン・ポストにも載るようになった。このやり取りも、まったくお金の介在しない関係だ。お金にならなくても、私からすると自らの記事のリーチ力、影響力が大きく広がるというメリットが感じられた。

ＢＬＯＧＯＳやハフィントン・ポストのようなメディアは、キュレーションメディアとも呼ばれた。キュレーションとは、美術館の学芸員（キュレーター）のように、作家の作品を一般の人に紹介するナビゲーションのような行為だ。こうして自分たちではなく、他人が書いた記事を集めてメディアとして運営するのは、ネットの一つの文化として市民権を得た。

こうした流れは、バイラルメディアの乱立と別に起こっていたものだ。ＢＬＯＧＯＳは２００９年のスタートで少々早い。ハフィントン・ポスト・ジャパンは２０１３年のスタートだから、時期的にはバイラルメディア勃興と同じだが、アメリカのメディアが日本で着地したのが、たまたまこの時期だっただけだ。

キュレーションメディアは、あくまで書き手に了承を得て転載するため、決して怪しい存在ではないのだが、それらが生み出した空気は、バイラルメディアが人の記事を元にして結果的に記事を乱造する、一つの背景になってしまったように思う。

私はこうした空気が、オリジナルであることの価値を薄めてしまったと感じている。実際に、自分のブログがＢＬＯＧＯＳやハフィントン・ポストに転載されると同時に、まったく知らないメディアにも転載されていることがよくあった。

もちろん、「何の約束もしてないのに、勝手に転載してけしからん！」とは思うのだが、そもそも約束して転載したメディアとも何のお金のやり取りもしていないのだ。勝手に転載されたことの怒りが、自分でもよくわからなくなる。ＢＬＯＧＯＳに転載され、多くの人に読まれるのが嬉しいのなら、約束はしていないけれど、このサイトに転載されたことも喜ぶべきでは？　何が正しくて何が間違いなのか、わからなくなってしまった。

さらにこの転載文化を複雑にしたのが、ニュースキュレーションサービスだ。

スマートニュースやグノシー、antennaといった、ネット上の新聞や雑誌、バイラルメディアなど、様々な「ニュース記事」を紹介するサービスが次々に生まれた。これらは、あらかじめ契約したメディアの記事を転載している。そこで生まれた広告収入をシェアするうえに、元のメディアへの誘導もされるので、メディア側には一定のメリットがある。

また、少し手法が違うが、NewsPicksという見出しだけを掲載して意見を交わし、有料会員にはオリジナル記事を提供するサービスも出てきた。

ニュースキュレーションの最たる存在が、Yahoo!ニュースだろう。今や既存の新聞・雑誌は、どこもネット版を持っており、Yahoo!ニュースのトピックス（ヤフトピ）に入ることを競い合っている。ヤフトピに月何本入るかで、ネット版の収益性が左右されるほどだ。

Yahoo!ニュースには、Yahoo!ニュース個人もあり、新聞・雑誌と同じ立場で、個人が記事を掲載している。これはブログの転載ではなく、書き手が自分でYahoo!のシステム上に書き込む仕組みだ。とはいえ、自分のブログに書いた記事を、そのまま自分で入力することはできる。私もオーサーと呼ばれる、Yahoo!ニュース個人の書き手の一人だ。

書き手の中には、自分のブログに書いたものが、ＢＬＯＧＯＳとハフィントン・ポストに転載されるうえに、Yahoo!ニュース個人にもまったく同じ内容を掲載する人もいる。同じ記事が、それぞれメディアパワーを持つ媒体に載るのだから、影響力は何百倍にもなる。個人で社会的活動をしている人にとって、大きなＰＲ力を発揮できる仕組みとなった。

こうして転載がネット上で当たり前になると、そもそものルールが見えなくなる。あくまで契約をしたうえで転載するのだが、そんな事情を知らないで読む人からすると、ネットでは記事を勝手に転載するものなのか、と思うかもしれない。そんな人たちがネットでメディアを立ち上げると、人の記事を自分のメディアに勝手に転載しても、「え？ ダメなんすか？」と思ってしまうのだろう。

「記事」というものが、これほど流通する時代もない。気安く作ったメディアの上に、粗製乱造された記事が掲載され、それが勝手な転載なのか、契約したキュレーションなのか、とにかくあちこちに載った。

まともな記事だってもちろんあったし、私のように地道に書いているライターも数多くいたのだが、粗製乱造記事と転載記事が大量に放出されて、全体が薄められていった。紙の時代にあった秩序や、ネットの時代になってもそれなりに守られてきたルールが、崩壊してしまったように思えた。

かくして、ネットメディアの無政府状態ができあがった。そんな状況の中、広告も無政府状態に陥っていく。

「枠から人へ」進化したネット広告が生んだカオス

ネットの無政府状態を支えた広告システムが、アドネットワークだ。そこには、広告を「枠から人へ」と進化させる、合理的な考え方があったはずだった。少なくとも、当初はそうだったと思う。

そして、これもスマートフォン普及以前、2000年代後半から起こっていた流れだ。

広告の基本は、「広告枠」だ。テレビCMにせよ、新聞広告にせよ、番組や記事が放送・掲載されている中に「広告枠」が存在し、この枠を売買するのが広告ビジネスだった。

当たり前だが、広告枠はメディアに紐《ひも》づく。だから、テレビCMを買うにはテレビ局に交渉するし、新聞広告を打ちたければ新聞社と交渉する。その間に広告代理店が入って、テレビ局や新聞社から広告枠を、企業の希望に沿って買う仲介をしてきた。

ネットでも当初は同じように、一つ一つの広告枠をメディアと交渉して買っていた。だが、メディアの数は無限のサイバースペースにいくらでも増やせる。どんどん増えていくメディアの広告枠を、一つ一つ選別し、買っていくのはかなり大変だ。

そこに登場したのが、アドネットワークだ。何百何千ものメディアの広告枠を、まとめて売買しやすくするために生まれた。一つ一つのメディアと交渉する手間がなくなり、簡単な交渉で莫大な数の広告枠を購入できるのだ。

さらにそこに、行動ターゲティングのテクノロジーを加えて、特定の興味・関心を持つユーザーに広告を配信できるようにもなった。ウェブ上でどんなサイトを見て回ったかの行動履歴から、商品に興味を持ちそうな対象に絞って広告を配信する技術だ。

広告を買う側からすると、メディア単位で枠を買うのではなく、数多《あまた》のメディアを見て回っているユーザーを追いかけるように、広告が配信できる。

メディアの数と種類が限られていたマスメディアの時代なら、「枠」でよかった。だが、ネットの時代になってメディアの数が無限に増えていくと、むしろそれらのメディアで行動する「人」を軸に広告を買ったほうが、効率的になる。それが「枠から人へ」で表明された考え方だ。

2000年代後半、まだネットがPC中心だった時代に生まれたこのアドネットワークは、その当時はアドテクノロジー（広告にまつわるテクノロジー。以下、アドテク）の最たるものとしてもてはやされた。

広告を打ちたい企業にとって、どう対処していいかわからなかったネット広告を、合理的に買い付けできる手法として大いに歓迎された。また、新たに立ち上げた小さなメディアでも、アドネットワークに加われば広告配信を受けられるようになるため、参加するメディアがあっという間に増えていった。

アドネットワークは、メディアを束ねてアドテクを効かせる、ネット専業の広告代理店が作り出していった。もともとネットでは、メディアレップと呼ばれる、複数のメディアを束ねて窓口役となる代理店が存在していた。そこにアドネットワーク専門の代理店が加わったり、複数のアドネットワークを扱う代理店も出てきたりと、代理店がアドネットワークを通じて複雑に絡み合うようになった。

企業とメディアの間に立つ様々な領域の代理店、アドテク企業、中間事業者が入り乱れる状況を整理して示す、「カオスマップ」と呼ばれるマップがネットで流通した。カオスマップの名前の通り、整理したにせよ、混沌としていて全体像はさっぱり把握できない。

ネット広告がそんな状況になる中で、先述のスマホとＳＮＳをバックグラウンドにした、バイラルメディアとキュレーションメディアの洪水がやってきた。

ＰＣの時代はまだ、アドネットワークもうまくメディア環境と共存できていた。アドネットワークの基本は、ディスプレイ広告、要するにバナー広告だ。ＰＣのそれなりの大きさの画面では、一つの画面に複数のバナー広告が表示されても、さほど不快ではなかった。ネットメディアのフォーマットとして、右上に、記事の上に、記事の下に、あるいは記事の途中に広告が表示されるが、ユーザー側も「そういうもの」と受け入れていたと思う。

だが、スマートフォンの小さな画面になっても、アドネットワークを通じたディスプレイ広告は、同じフォーマットで表示された。そうなると、狭い画面のあちこちに広告が表示されることになる。おそらくそれぞれは、個別のアドネットワークを通じて配信された広告なのだろう。

ＰＣ画面では共存していた記事と広告が、スマートフォンでは対立する感覚になった。そうなると、メディアが記事より広告を優先している印象になる。狭い画面に広告がひしめき合い、誤って押させたいのかと受け止めてしまう。

何より雨後の筍のように次から次に生《は》えてきたバイラルメディアは、マネタイズを至上目的とするので、どう見ても広告を優先させようとしていた。それまでの新聞や雑誌では、紙面で記事を読ませたい編集部と、広告を目立たせてスポンサーを喜ばせたい営業部が、何かと対立していた。同様の対立があれば、編集側が無理な広告表示をやめさせようとしたかもしれない。だが、ネットメディアではそんな対立はあまり起こらないようで、記事を読むのに差し障《さわ》る広告表示が平気で行われた。

それどころか、編集側も広告を表示するために記事を粗製乱造するのだから、メディアとしての矜持《きょうじ》だの、伝える側の誇りだのは、微塵《みじん》も持っていない。ユーザーマインドなどまったく気に留めずに、毎日のPV数を確認し、広告売上を稼ぐことのみを目標にする姿勢ばかりが横行した。

かくしてメディアの無秩序状態が出現し、それとセットで広告の無政府状態も日常になった。いい加減なメディアに載った怪しい内容の記事が、そそる見出しと目を引く画像でSNSを飛び交い、目障りな広告表示で収入を得るという、異常なメディアのビジネスモデルができあがってしまった。

一方の既存メディアも、ネットへ進出するようになると、同じような無政府状態に巻き込まれてしまったように思えた。紙の時代の長い歴史を誇る一流メディアが、ネット版ではバイラルメディアと変わらない、目障りな広告表示を平気で展開していた。メディアが広告とともに、無茶苦茶な状態になってしまった。メディアと広告に携わる人びとも、正常な感覚を失い、麻痺《まひ》してしまったかのようだった。

これがネットメディアとネット広告のすべてを覆ったわけではない。だが、かなりの部分が闇に侵されていたと、今思い返すと感じる。ネットの世界では、まともな記事を掲載する真っ当なメディアが、生き残れなくなったように思えた。

異常を正常に戻すには、大きなきっかけが必要だった。

この異常な感覚から目を覚まさせた二つの告発を紹介しよう。一つ目は大きく報道もされ、誰でも思い出すであろう一つのサイトを巡るものだ。

ネットの問題を世間に露わにした「WELQ」事件

WELQ事件が起こらなかったら、ネットメディアと広告は、是正に向かわなかったかもしれない。今振り返ると、あの時この件が発覚してよかったと思う。「ネットメディアがやばい」「ネット広告には問題がある」とネットに関わる一部の人は感じていたが、まだ〝水面下〟の話題だった。WELQ事件によって、初めてネットの問題が表に出ていったのだ。

WELQとは、DeNAが運営していたメディアである「パレット」の一つだ。「パレット」は、女性向けのMERY、料理系のCAFY、インテリア系のiemoなど、特性別に10種類のメディアを運営する事業で、WELQは医療情報を扱うメディアだった。

一方、先述のようなメディアの無政府状態の中、医療系メディアが掲載した情報のいい加減さが、少しずつ話題になり始めていた。何しろライター経験がほとんどない人材をクラウドサービスで雇ったり、学生を集めて記事を書かせたりする編集方針が横行し、他のメディアやブログの情報を転載することも当たり前のように行われていたのだ。

他の分野はともかく、医療系メディアがそんなやり方で情報を掲載するのは大問題だ。難病に侵され、医者からも見放された家族をなんとか救おうと、必死でネット検索して見つけたサイトに新たな治療法が書かれていたりすると、信ぴょう性を確かめずにすがってしまう。そんな〝被害〟が聞かれるようになっていった。

それまではネットメディアのいい加減さに対して、「仕方ない」と諦めつつ、容認されていた空気もあったが、医療情報が粗製乱造されることは命に関わると、厳しく問題視する動きが出てきた。

その流れの中で、ＷＥＬＱが明らかな問題メディアとして浮上したのだ。運営するのが上場企業であるＤｅＮＡだっただけに、名も知れぬベンチャー企業のサイトの問題とは次元が違った。

ＷＥＬＱ事件は、ある意味タイミングよく、出るべき問題として出てきた。この件を表舞台に晒《さら》したのは、一人の若いライターだ。面白いのは、彼も最初はこの混沌の渦中にいたことである。彼の独特な経験がなければ、ＷＥＬＱへの追及はなかったかもしれない。

医学部出身、ネットメディア育ちのライター

私は朽木誠一郎《くちきせいいちろう》氏と直接の面識はなかったが、ある場でニアミスしていた。私は一時期、CONTENTZという五反田のコワーキングスペースを利用していた。運営するのは、ネット界の論客の一人としても知られる宮脇淳《みやわきじゅん》氏が社長を務める編集プロダクション・ノオトだ。その当時、朽木氏はノオトの社員だった。

会ったことはなかったが、ネット上で彼の名が知られるようになった頃、宮脇氏から優秀な社員だと聞いていた。そのうち彼がBuzzFeedに移籍すると、そのことを宮脇氏は卒業生を送り出す教師のように語っていたのを覚えている。そんな彼に、今回初めて話を聞

いた。

朽木氏はもともと、群馬大学医学部の医大生だったそうだ。彼は医学部在籍中に、ある会社からライターの仕事を請け負って、２０１０年頃からYahoo!のトップへの掲載を狙った記事を書くようになった。適当なリリースを探しては、「元カレを振り返らせる五つの方法」といったような記事に仕立て、月間何百万、何千万ものＰＶを獲得する、そんな仕事をしていた。

取材は３カ月に１回やる程度で、あとはネット上で情報を集めて組み立てる。当時はそういうものだと思っていたそうで、その頃は似たような若者が大勢いたようだ。

「ただライターって名乗りたい。そのための場はいくらでもあって、取材しなくても記事を書いてよいと思われてしまっている状況が、僕がバイトをしていた２０１０年くらいからできていました」

朽木氏は生々しく赤裸々に語ってくれた。彼はアルバイトでライター業に目覚めたこともあり、医師になる道を変更し、ウェブメディアの世界に就職した。

「大学を出たあと、ウェブ制作会社が運営するオウンドメディア編集部に入りました。勤務状態がハードで、３時まで働いてソファーで寝て、漫画喫茶でシャワーを浴びたら、８

時からまた働く。そんな生活を1年半続けました」

今なら働き方改革でイエローカードが出そうだが、まだ当時はウェブ系の会社では、そんな働き方が当たり前だったのだろう。

「入って3カ月くらいで前任者が辞めてしまったので、編集長になったんですよ。責任者になると、売上管理やPV管理もするようになりました。編集部に5人しかいなかったので、営業にも行ったし、いきなり社会の荒波に飛び込んだ感じでした」

それが2014年の話だ。私が「雨後の筍」と書いたように、朽木氏としても当時は「ウェブメディアのバブル状態」だったと振り返る。そのたった5人のチームで、月間650万PVにまで伸ばしたという。成功したメディアのポジションを得たのだ。

この成功のポイントが、SEO(Search Engine Optimization:検索エンジン最適化)だった。

「事業目標を達成するために、キーワードのボリュームから逆算していこうと考えました。12月にはお歳暮とか、4月にはビジネスマナーとか、そういう〝SEOワード〟を取りにいった。加えて、そういうワードにまつわる商品の記事広告を作って売っていました」

〝SEOワードを取りにいく〟。つまり、お歳暮について検索したら引っかかる記事を作成し、タグもうまく貼っておく、といったやり方で、特定のユーザーを確実に集める手法だ。

そこに、アドネットワーク経由で広告を配置する。さらに、それに即した記事広告を受注するのも重要だ。実はアドネットワークなどのプログラマティック広告(自動的に買い付けが行われる広告)だけでは、メディアの収益は心もとない。併《あわ》せて記事広告も受注し、作成することで収益性が出てくるのだ。

短期間でその手法を具現化していった朽木氏には、メディア運営の才があったのだろう。

「1年半やっていると、編集なんて学んでいないのに、編集長としてイベントに呼ばれて登壇するようになりました。バブルなのもあって、別に実力もないのに……。そんなことが続きました」

〝雨後の筍〟の中から抜きん出た成功例を作り上げた立役者として、名前が知られるようになった。ネットメディアに興味があった人の中には、この頃から朽木氏の名を知っていた人も多いだろう。

そんな日々の中、ライター講座で一緒になったノオトの宮脇氏に今後について相談したところ、誘われて入社することになったそうだ。注目される存在になっても浮かれることなく、「これはただのバブルだから、このままでは先がない」と冷静に自分を見つめていた。だからこそ、〝ちゃんとした編集〟を学ばねばと考えたのだろう。

「企画をどうやって立てるのか、アポ入れはどうするのか、取材で何を聞くかとか、ここまで編集者として、ライターとして学んでなかったことを学びました。ノオトのいいところは、記事の編集だけでなく、ディストリビューション、流通経路まで考える会社であることでした。ウェブの時代に適応した編プロ（編集プロダクション）です。一から企画を作るところから、読者に届けるところまで、一気通貫でやれました。自由にやらせてもらえて、いい経験ができましたね」

ノオトの宮脇社長は、90年代に紙の雑誌『WIRED』の編集に関わることからキャリアをスタートした人物だ。ノオトも、設立した当初は紙の編集プロダクションで、フリーマガジン『R－25』の立ち上げ時にも編集に携わっている。ウェブの時代になっても紙の雑誌の編集姿勢を保ち続け、独特のポジションを確立している。

「2年弱しかいなかったんですけど、本来なら下積みしておくべきことを一から学びながら、並行して雑誌の仕事もいただけるようになって。あそこで、ウェブと紙、どっちも体験できたのが良かったと思っています」

つまり朽木氏は、ウェブメディアの粗製乱造を経験し、さらにＳＥＯを駆使してどう稼ぐかも荒々しく経験したうえで、紙の時代からの編集者精神をノオトで学び取るという、稀有《けう》な経験をした。しかも医学部出身だ。そんな彼だからこそ、ＷＥＬＱの告発に関与できたのかもしれない。

Yahoo!ニュース個人の記事からBuzzFeedとの協業へ

朽木氏はノオトで活動するうちに、縁あってYahoo!ニュース個人でも記事を書くようになった。ノオトの仕事は充実していたし、ジャーナリスティックな記事ではなく、大半は雑誌や企業から依頼を受けて記事を作成する業務だったので、業界や人の批判をする記事を書くことはまったくイメージしていなかったという。

「ＷＥＬＱについては、一部の人びとが、『ＳＥＯがエグすぎるサイトがある』とざわついているのを知っていました。ＤｅＮＡがやっているらしい、大丈夫かと噂されていて、一部のアフィリエイターさんたちが注目していたんです」

アフィリエイターとは、自分のブログなどにアフィリエイト広告（成果報酬型広告）を置いて、そこを経由して商品が売れたら収益を得る人びとだ。たとえば、書籍について検索すると、ブログが出てきて、本を紹介する内容にAmazonへのリンクが添えてあることがよくあるだろう。そのリンク経由で本が売れると手に入る手数料で、お金を稼ごうとする人びとがアフィリエイターだ。

先述のオウンドメディア編集長時代の朽木氏が、SEOをうまく活用していたように、アフィリエイターもSEOを駆使して、狙ったワードが検索されたら自分のブログが表示されるべく頑張っている。そんな彼らからしても、WELQは〝エグい〟存在だったのだろう。

どうエグかったのか。

「医療に関するキーワードを1000とか2000の単位でリストアップして検索すると、そのうち20%で3位以内に出てくるようになっていました。それで1日100本くらいの記事を作って、Googleにインデックスさせる。さらに、当時のGoogleはユーザーの滞在時間が長いと良いコンテンツと判断していたので、1本あたり8000字くらいの長文記事にすることで、上位に表示されるようにしていました」

個人のアフィリエイターも似たことはやるのだが、WELQはそれなりのコストをかけて大量の記事を作成していたので、エグいと言われたのだ。

「私がＷＥＬＱを問題だと思ったのはもう一つ、お医者さんたちが、書いてある内容が間違っていると指摘していたんです。アフィリエイターと医者の二つは交わっていなくて、それぞれのクラスター内で別々の形で批判していた。そういう二つのイシューがあって、僕はどっちも見ていたので、『あれ、これはまずくない？』と思って、初めてYahoo! ニュース個人で何かを批判する記事を書いたんです」

それが２０１６年9月10日にYahoo! ニュース個人に掲載された「医療情報に関わるメディアは『覚悟』を――問われる検索結果の信頼性」と題した記事だ。

まさに朽木氏でなければ書けなかった記事だと思う。彼は混沌としたウェブメディアの世界を体験し、そのあとノオトでは逆に本来の記事の作り方を学び、さらにはもともと医療を学んでいた。だからこそ、何がおかしいかを見抜くことができたのだ。茶化すような例えだが、虎の穴を抜け出したタイガーマスクや、ショッカーの魔の手を逃れた仮面ライダーのようだ。カオスの世界にいたからこそ、カオスの性質を知っている。

「記事を書いたら、どっちのクラスターからも思いのほか反響がありました。アフィリエイターからは『ついに刺されたか』って言われたし、医療系の人たちの間では『素人がよその記事を集めて適当に書いてたのか、やっぱりまずい』と騒ぎになった。そんな時にBuzzFeedから、『朽木さんを取材させてくれないか』と連絡が来ました」

独自にWELQを取材していたBuzzFeedと朽木氏で、言わば共同戦線を張ることになったのだ。そこからはスピードが速かった。BuzzFeedが先鋒《せんぽう》となり、様々なメディアがWELQを告発する記事を公開した。それまで、「どうやらキュレーションメディアは酷いやり方で記事を作っているらしい」と囁《ささや》かれていた手法が、本当にWELQで行われていたことが明らかになっていった。

WELQを運営する企業・DeNAは、南場智子《なんばともこ》会長の成功譚《せいこうたん》によって良い評判を生んでいたところから、あっという間に極悪企業のレッテルを貼られた。早くも12月には謝罪会見が行われ、WELQのみならずパレット事業全10メディアの閉鎖が発表された。

上場企業だったこともあり、会見の模様はテレビのニュース番組やワイドショーでも放送され、大きな出来事として受け止められた。それとともに、いかに悪辣《あくらつ》な手法で記事が作成されていたのかも、きめ細かに解説され、インターネットはやはりいい加減で信じられない場だとイメージづけられた。

この段階では、必要な揺り戻しだったと思う。私たちは、「インターネット上の情報をそのまま信じてはいけない」という重要なことを学んだのだ。そして、ネットメディア全体に自省の空気が漂った。

他方で、この大きな転換期をもたらしたＷＥＬＱ事件の立役者は、BuzzFeedをはじめ、ネットメディアであったことも重要だ。ネットメディアの問題点を、ネットメディアが自浄作用のように炙《あぶ》り出し、反省を促した。ネットの世界にモラル違反の問題があるのは間違いないが、同時にそれを正したのもネットなのだ。

広告業界への影響も大きかった。ＷＥＬＱとともに閉じたＭＥＲＹは、パレット事業の中で最も成功したメディアで、若い女性向けの広告の受け皿として重宝されていた。何しろ若者のテレビ離れ、マスメディア離れが進んでいた頃だ。テレビＣＭと雑誌広告では追いきれなくなっていた若い女性にアプローチできる有力メディアが、ＭＥＲＹだった。

事件後、他のメディアはクローズしたが、ＭＥＲＹだけはＤｅＮＡと小学館の共同事業として再出発し、今は健全かつ有力なメディアとして成功している。ＭＥＲＹにとっても、ＷＥＬＱ事件によって生まれ変われたことは良かったと言えるだろう。

そして朽木氏は、〝ＷＥＬＱ問題の火付け役〟として注目を浴びた。

「社長と会長と、トップが頭を下げる事態になって、パレットの事業に関わっていた私の後輩が3、4カ月休職することになったり、株価も大きく下がったり……。そこまでの影響を与えるとは全然考えられないまま、1本目の記事を書いたことが、しこりのように残りました」

それなのに、火付け役として祭り上げられた。彼としては、実際にスクープを取ったのはBuzzFeedであって、自分の手柄とは思っていないという。

「報道ってどうやればいいのか、知りたくなりました。責任を取りたい、責任を持てるようになりたいと。それで宮脇さんに相談したら、編プロでジャーナリスティックなことをやるのは、やはり難しいと言われました。当たり前ですよね。その時にスカウトを受けていたこともあって、BuzzFeedに行ってもいいかと尋ねたら、宮脇さんは行ってこいと言ってくれたのです。それで2017年3月にノオトを辞めました」

BuzzFeedに移籍してからは、一人のライターとして、まさにジャーナリスティックな記事を書いてきた。さらに2019年3月に、今度は朝日新聞社に入社した。そこでは、同社が運営するウェブメディアである「withnews」の副編集長をしているという。

朽木氏が面白いのは、編集者やライターとしての側面と、メディアビジネスの運営者としての側面を併せ持つところだ。よく言われることだが、これからのコンテンツの作り手は、読者に届けるまで自分で関わらなければならない。朽木氏にはそこにさらにもう一枚、ビジネスを見る目もくっついているのだ。

この取材では、WELQ事件の話とは別に、メディアビジネスの最前線にまつわる非常に説得力のある話も聞いた。だが、その話を書くのは4章に譲ろう。

こうしてWELQ事件によって、一気に反省モードになったネットメディア界だが、たった一度の事件だけで浄化が進んだわけではない。より多岐《たき》にわたる問題提起が必要で、それを行ったのは意外にも旧メディアだった。

NHKの問題提起「ネット広告の闇」

この本を書くにあたり、ネット広告に関係する多様な人びとに取材した。次章から登場する、それぞれ別の分野の方たちなのだが、その誰もが同じテレビ番組の名を口にした。

NHKの「クローズアップ現代+」だ。「クロ現」の略称で呼ばれるこの番組が、「ネット広告の闇」のシリーズタイトルで、ネット広告の問題を多角的に扱ったのだ。いずれも関係者や当事者に切り込んでいく、エッジの立った内容だった。私も各放送回をできるだけリアルタイムで視聴していた。

改めて調べると、以下のようなテーマで、本当に多角的に扱っていたのがわかる。

２０１８年４月18日「追跡！脅威《きょうい》の〝海賊版〟漫画サイト」
２０１８年９月４日「追跡！ネット広告の〝闇〟」
２０１９年１月22日「追跡！〝フェイク〟ネット広告の闇」
２０１９年５月22日「追跡！ネット広告の闇 水増しインフルエンサー」
２０１９年10月２日「追跡！ネット通販 やらせレビュー」
２０２０年３月４日「追跡！ネット広告の闇〝アカウント売買〟～気づかぬうちに個人情報が売りさばかれる～」
２０２０年３月12日「新型ウイルスでもネットに拡散 追跡！トレンドブログ」

これらは放送に先だって、または放送のあとに、「ネット広告の闇」と題して「ＮＨＫ ＮＥＷＳ ＷＥＢ」の中で公開されており、テキストと画像で大まかな内容を知ることができるほか、「ＮＨＫオンデマンド」では番組を視聴することも可能だ。

取材した人びとがみな、この番組の名前を挙げたのは、それだけ影響力があったということだ。ある人は「クロ現」に啓発されたと言い、またある人は「クロ現」の後押しで問題に取り組めたと言う。ネット広告がどれほど危機的で、どんな問題がそこにあるのかを、業界関係者に先駆けて世に問う役割を果たした。

今、ネット広告の課題が解決に向かっているとしたら、そこでの「クロ現」の役割は大きい。とかく批判もされがちなＮＨＫだが、ことネット広告の分野においては、社会をより良くする方向づけをし、公共放送として大きな役割を果たしたと言える。

「クロ現・ネット広告の闇」の中心人物が、ＮＨＫ報道局ネットワーク報道部のチーフ・プロデューサー、蔵重龍《くらしげりゅう》氏だ。私が運営する勉強会に時折顔を出してくれていたので面識はあったが、今回初めてじっくり話を聞くことができた。「龍」の名のわりに穏やかなキャラクターだが、話しているとその奥にある熱さもはっきり感じる。

先にサブタイトルを並べた通り、「クロ現」が最初にネット広告の問題として扱ったのは、「漫画サイト」だった。今やもう「漫画村」と固有名詞で呼んでも差し支えないだろう。この回を放送した２０１８年初めには、すでにネット広告の様々な問題点が業界内で言われ始めてはいた。「漫画村」についても、一部に問題視する人たちはいたが、大きな問題として顕在化《けんざいか》させたのは「クロ現」だ。

これに続いて「ネット広告の闇」「フェイク広告」など、次々に問題点を挙げていったことで、ネット広告が〝ヤバい〟ことが知れ渡っていった。

ソリューション・ジャーナリズムという概念がある。社会問題を訴えるだけでなく、解決に導くこともジャーナリズムの役割とする考え方だが、ネット広告の問題を「クロ現」はまさにソリューションへと導いている。

SNSから読み取った「漫画村」問題

蔵重氏が「漫画村」に注目するまでには、それなりの流れがあった。NHKはTwitterに普及初期から報道的観点で注目しており、「ソーシャルリスニング」、つまりTwitterなどのSNSから社会の空気や新しい現象を読み解く取り組みを行っていた。

「ソルトというソーシャルリスニングチームがありまして、私はそのデスクを5年くらいやっているんですよ。毎日、Twitterに流れてくるトレンドを眺める仕事をずっとやってまして」

漫画村の問題を彼が発見したのも、このソーシャルリスニングからだった。

「2017年の夏くらいに、何回も漫画村がトレンドに上がっていました。トレンド1位とか2位ではないんですが、目立ったツイートがいくつかあって。心に刺さったのが、中学生くらいのお母さんの投稿で、『うちの息子がネットで漫画ばかり見ている』という嘆きの声です。別のお母さんは『息子はタダで見られるって言ってるけど、いいの?』とツイートしていました。いくつも似たようなツイートがあって、それが心に残ったのがきっかけです」

最初は、ネット広告の問題に切り込もうという意気込みではなかったところが面白い。むしろ、著作権がないがしろにされていないかという問題意識だったという。

「今の子どもには、情報はタダ、漫画もタダで見られるものだという感覚が広がっているんじゃないか。そこにお母さんたちと、世代間ギャップがあるんじゃないかと感じたのです」

蔵重氏は、前々から著作権問題に関心を持っていた。数ある漫画無料サイトの中でも、特に「漫画村」にフォーカスし、チームを組んで一つ一つ取材していった。ただ、取材をするうちにジレンマも出てきたという。

「報道することで、さらにアクセスが伸びるというジレンマに悩みました。だから、出版社は当初、あまり協力的ではありませんでした。まだ小さい被害しか出ていないのに、N

HKが報じて騒ぎになると、アクセスが増えて逆効果になるから、触れてほしくないというスタンスでした。まともに取材ができない、取材に応じてくれない状況が続いていました」

根本的な解決策が見えない中では、出版社としても踏み出せなかったのだ。だが、それでは蔵重チームも取材しようがない。警察も動かない、出版社も動かないなら、自分たちで運営者を特定して、突撃取材をするしかないと覚悟を決めた。

「私はネットワーク報道部にいて、NHKにはITに詳しい専門記者もいるので、サイバー調査をやりました。プログラムを書ける人間がいたり、ホワイトハッカーとの人脈を持っている人もいたので、協力してもらって、運営に関係していると見られる人物やサイトの構造を突き止めることができました」

それを含めて見えてきた全体像を、まず2018年2月に「ニュース7」で放送し、4月には「クロ現」でレポートした。「漫画村」については、NHKが報じることで〝顕在化〟し、「あそこは著作権を無視して儲けているぞ！」と世間的に言われるようになった。

追及は著作権侵害からアドフラウドへ

ただ「漫画村」の追及の時点では、まだネット広告に踏み込んだわけではない。あくまで著作権を無視した商業行為についての問題提起だ。「漫画村」を調べるうちに浮上したのが、「ネット広告の闇」だった。

「漫画村の回の後半に裏広告の話が出てきますけど、漫画村のサイトの下のほうに、見ていないのに広告を見たとカウントする仕組みがあったんです」

いわゆるアドフラウド。広告が表示されなくてもインプレッションに加えられ、スポンサー企業に広告費を過大に請求する仕組みだ。

「運営者と見られる人物も特定できたので、過去に何をやってきたのか、どんな技術を使って、どんなサイトを運営していたのかも、わかってきました。この人物を追いかける中で、アドフラウドとか、裏広告とか、いろんなことがわかってきて、周辺の業者を徹底的に当たりだしました。著作権侵害から広告の問題にシフトしたのは、これらの仕組みがわかってからです」

実は蔵重氏は、「漫画村」追及と並行して、ネット炎上についても取材していた。その成果は2017年11月13日の「クロ現」で、「〝ネットリンチ〟の恐怖」として放送されている。

この回も私はリアルタイムで視聴し、強烈な印象を受けたのを覚えている。タレントのスマイリーキクチ氏や弁護士の唐澤貴洋《からさわたかひろ》氏らの例が取り上げられ、まさにリンチとしか言いようのない罵詈雑言《ばりぞうごん》を浴びたことが語られた。

蔵重氏はその時、こうしたネットリンチは、まとめサイトが関わっていることも多いと知り、ある大手まとめサイトを取材したところ、広告収入が月に数百万円もあることがわかった。「それも頭にあったので、ウェブ広告についてやってみよう」と考えたという。

こうして「クロ現・ネット広告の闇」が、2018年9月に放送された。アドフラウドの問題を、番組では「裏広告」と呼び、表示されてもいないのに、企業が広告費を〝だまし取られる〟実態を赤裸々にレポートした。「ネット広告に問題あり」と地上波テレビが、はっきり報じた瞬間だった。

この回も私は、リアルタイムでドキドキしながら視聴した。当時すでに広告業界・メディア業界の一部では、アドフラウドやブランドセーフティなど、ネット広告に潜む問題が語られるようになっていた。だが、まだあくまで一部の間の話であり、特に広告にお金を払う企業の人びとの中で、問題点がどれくらい把握されていたかは疑問だった。

そんなところに、「クロ現・ネット広告の闇」は、水面下の問題をはっきり表に出す強い効果をもたらした。蔵重氏は当然、企業側にも取材している。

「被害者として企業には、数十社には当たりました」

ただ当時、企業はほとんど問題を認識していなかったそうだ。

「企業は問題を認めませんでしたね。認めないというより、把握していないし、把握していても答えられない状態でした。大手不動産とか、銀行とか、ゲーム会社とか。最初は、『なんですかそれ?』から始まりました」

ネット広告費は、従来のマス広告費が漸減する一方で、ぐんぐん伸びている。しかし、巨大な金額がやり取りされる中で、〝問題がある〟ことはほとんど認識されていなかった。

「みんなとにかく驚きだと言ってましたね。そんなことがあるのかと。『えっ騙されているんですか、私たちは損しているんですか?』という反応でした」

取材された企業の人びとが驚いたように、「クロ現」の放送を見て、驚愕《きょうがく》した企業の担当者はさぞ多かっただろう。2018年9月の段階でも、まだ問題を認識する人はわずかだったのだ。

「クロ現」が暴いたアドフラウドの手法は、動画や広告が視聴されると、その〝裏〟でいくつものページが開かれて、広告が表示されたことになる、というものだ。極めて悪質で、表示をうっかりカウントしてしまったなどという類《たぐい》ではなく、存在しない広告表示を意図して引き起こしている。それによって、効果がまったくないのに広告費を得られる。広告を発注する側からすると、詐欺《さぎ》のような仕組みだ。

番組では、チームで調べたことを、企業や自治体の実名を出してレポートしている。鹿児島のある自治体の「ふるさと納税」の広告が、アドフラウドの餌食《えじき》になっていることを伝え、その広告は代理店として電通が受注し、電通からYahoo! に委託されて広告配信されたことを堂々と示した。

自治体にＮＨＫの取材者が出向いて、「この広告にはこんな問題があるとわかりました」と伝え、役所の担当者が驚く場面も放送されている。さらにYahoo! の役員にも同様に示して、「こんなことが行われているとは、広告依頼主の一社一社に謝らねば」とまで言わせている。きつーいお灸《きゅう》をすえているようなものだ。

このお灸は効いた。番組について放送後に知った人びとも、こぞって事態の重さを理解した。

新聞社にまで侵食した「フェイク広告」

「ネット広告の闇」を巡る旅は、さらに闇の奥に足を踏み入れる。蔵重チームが次に選んだ題材は、「フェイク広告」だ。

「クロ現」では、ネット広告の多様な問題点を告発する際、新しい言葉を作っている。蔵重氏は、問題を世の中に認識してもらう手法の一つとして、意識して造語を作っているようだ。

そんなこのシリーズでも、最も浸透した造語が「フェイク広告」かもしれない。私は当初、「そんな言葉あったっけ?」と感じたが、番組を見てなるほどと納得して受け止めた。現象に非常にフィットした言葉だと思う。

「フェイク広告」とは、タレントや著名人の画像を、許諾を取らずに勝手に使い、その人が商品を使ったり、推奨しているように見せる広告のことだ。もちろん実際には、そのタレント・著名人は、使っても推奨してもいない。

タレントが使っているという嘘から、フェイク広告と名づけている。ドナルド・トランプが勝利した2016年のアメリカ大統領選挙以降、「フェイクニュース」という言葉が

〝嘘のニュース〟の意味であることはすっかり浸透したので、その連想で意味が伝わりやすい造語だ。

このフェイク広告は一時期、かなりメジャーなメディアやプラットフォーム上でも頻繁に見かけた。メイク用品やダイエット食品が多く、キレイになる、痩《や》せることのシンボルとして、タレント画像が使われていたのだ。広告表示を押して商品ページに飛ぶと、タレントと商品の関係は曖昧になっている。

ここでも「クロ現」は、タレント事務所に問い合わせ、その商品の企業とは何の契約も交わしていないことを突き止める。もちろん簡単には特定できないのだが、さらに商品ページの運営者や、フェイク広告の制作者を明らかにしようと、情報を炙り出す。

番組では、フェイク広告の掲載メディアには新聞社も含まれているとして、ある地方紙のネット版が、新聞社の実名も含めて紹介された。日本には県単位で歴史ある地方紙が数多く存在するが、そんなステイタスある地方紙が名を連ねていることは衝撃を与えた。

こうした地方紙も含め、フェイク広告を配信する主な舞台として、レコメンドウィジェットが番組で紹介された。ニュースサイトなどで記事の下のほうを見ると、「オススメ記事」として、そのサイトの他の記事が紹介されているだろう。中には、そのサイト以外の記事も並ぶことがある。これはレコメンドウィジェットの仕組みを利用しているのだ。

レコメンドウィジェットと契約すると、記事と関連性の高い別の記事を「オススメ」と紹介することで、サイト内の滞在時間を増やす仕組みになっている。さらにスポンサーがついた広告記事もオススメする。これにより、サイトも収益を得られるのだ。

新聞社は、自分たちの営業力で得られる広告収入に加えて、レコメンドウィジェットからも広告収入を得て、サイトを収益化したいのだ。レコメンドウィジェット自体は悪意もなく、真っ当なビジネスを意図しているが、運営が甘いとフェイク広告が入り込む隙《すき》ができる。

「フェイク広告」を扱った回は、2019年1月に放送され、これも話題になった。それまで頻繁に見かけたタレント画像付きの怪しい広告を、これ以降パタリと見なくなった。このテーマでも、「クロ現」パワーが発揮されたのだ。

レコメンドウィジェットを提供する側も、審査のハードルを高め、フェイク広告が入る隙を絶ったようだ。サイト運営者にとっては短期的に収益が減ったかもしれないが、乗り越えなければならないハードルだったと言えるだろう。問題のある広告を掲載し続けては、メディアとして問題視されかねなかった。

その後、「ネット広告の闇」シリーズでは、「水増しインフルエンサー」「通販やらせレビュー」と扱う題材を広げている。直接的な意味では、「ネット広告」から外れている面もあるが、いずれも生活者のネットでの行動にとって脅威となっている問題だ。

「水増しインフルエンサー」で扱うインフルエンサーとは、SNSでフォロワーが多く、影響力の高い人びとのことで、時に企業がその力をマーケティングに活用している。企業との関係を明示すれば何ら問題のない活動だが、フォロワーを何千人分も買った〝水増しインフルエンサー〟が出てきている。さらに、依頼されて商品を勧める投稿をしているのに、企業との関係を隠すステマ（ステルスマーケティング）行為も問題化している。

「通販やらせレビュー」では、Amazonなど大手ECサイトで人びとが購入の際に参考にするレビューの中に、企業からギャラをもらって商品を褒めるレビューが大量に書き込まれる問題を扱っている。レビューの内容にそれなりにリアリティがある巧妙さで、しかも多様な商品で大量に行われている。どうやら中国の新進企業が、日本人を使って投稿させているらしい。そんな最新事情をレポートしていた。

これらは、やっているのが怪しい小さな事業者だったり、中国企業だったりする。国内の大手事業者やメディアが関与していると、ＮＨＫが問題視して放送することがかなりの効力を発揮するのだが、この二つの問題には「クロ現効果」が発揮されにくい。業界団体が問題視する対象にもなりにくいので、業界ルール制定の対象にもあまりならないのが実情だ。

これについて蔵重氏は、「今は広告そのものが問われているし、もともと広告が問われることは、歴史的に古くからずっとあったとは思うんです。それが、ネットという舞台で制御できなくなっている」という問題意識を持っている。

蔵重氏に取材したあと、この原稿を書いている間にも「クロ現」で、「アカウント売買」についてのレポートが放送された。「１００万円あげます」など、目を引くプレゼント企画などでフォロワーを増やしたＳＮＳのアカウントが、高額で売買されている。さらには、フォロワーたちの個人情報も一緒に売られているという。「何かもらえるなら実害はない」と気軽にフォローした若者たちが、詐欺商法に巻き込まれているのだ。

続いて放送された「追跡！トレンドブログ」では、そのネット広告の収益構造に加え、ＳＥＯ対策偏重のネット社会の危うさ、Google のアルゴリズムの不十分さ、役割の重要さに関して指摘している。

こうした問題は「ネット広告」という言葉では括《くく》れないが、蔵重氏にとっては地続きのテーマなのだろう。そして生活者にとっては、ネット広告の問題とさほど変わらないかもしれない。

この本ではこれ以降、企業が広告費を払って行う事柄に話題を絞っていくので、「クロ現・ネット広告の闇」のシリーズとは必ずしも範囲が一致しなくなると思う。ただ、蔵重氏の問題意識には私も共感している。

「紙のメディアでも、まだ粗悪な雑誌とかいっぱいあるじゃないですか。そういうのには、変な広告がたくさん掲載されています。ブラック広告マーケット的なものは、リアルな世界でもあった。だけど、境界線がはっきりしていたと思います。それがネットだと一緒くたにされてしまう。ただ、ネットでは意外と、それを駆逐するのも簡単なように思います。健全化に向けた動きっていうのも、やりようによってはうまくいくのではないでしょうか」

そう蔵重氏はネット広告の浄化に期待する。

果たしてネット広告は健全化に向かっているのか。うまくいくのか。業界内の動きを追ってみよう。

CHAPTER

2

ネット広告というブラックボックス

——破壊された棲み分け

ネット広告問題の種類

ＷＥＬＱ事件でネットメディアと広告の問題が世間の関心を呼び、ＮＨＫ「クロ現」が「ネット広告の闇」と題して個々の問題を掘り下げた。実はその少し前から業界内でも、ネット広告の課題が浮上していた。２０１７年頃には、問題点が整理できていたと思う。ただし、ネット広告に携わる中でも、問題意識が高い人びとの間でだが……。

洗い出すと、実に多様な問題が広がっていた。どんな問題があるか、ここで用語とともに整理しておこう。

◎ビューアビリティ

ネット広告の問題の原点。広告の「視認可能性」のことで、ネット広告の価値の根本であるインプレッション、すなわち広告が読者に表示された数値に疑問を投げかける言葉だ。

あるページを読者が開いた時、デバイスのウインドウ内で広告が表示されたら、インプレッションがカウントされる。この時、ページのレイアウトとウインドウの大きさによっては、ページ内に広告が配置されていても、視認できないこともある。それにもかかわらず、インプレッションがカウントされることがあった。日本のウェブサイトでの広告のビューアビリティは、レポートされたインプレッション数の半分程度しかなかった、との調査結果が出て、ネット広告界で話題になったことがある。

◎アドエクスペリエンス

この本でもすでに取り上げたように、広告の表示の手法が読者の気持ちを逆なでし、コンテンツを読む気持ちを削《そ》ぐこともある。アドエクスペリエンス、つまり「広告体験」を大事にしていないとそうなる。

アドエクスペリエンスをきちんと計算に入れて広告を表示させれば、読者は心地よくコンテンツを読んだうえで、広告にも素直に接することができる。本来、広告の効果を高めたければ、いい形でアドエクスペリエンスを設計すべきだが、短期的にインプレッションを獲得したがると、不快な広告表示に陥《おちい》りがちになる。

◎ブランドセーフティ

文字通り、ブランドが守られているか、毀損《きそん》していないかを問題にする際に使われる言葉だ。たとえば、悪質なポルノサイト、テロリストや暴力団、半グレなど、反社会的勢力が運営するサイトに広告が表示されると、後援していると見なされて、ブランドを毀損してしまう。

実際に、高級車の広告が少女ポルノサイトに表示されたら、誰の仕業《しわざ》かによらず、その車に対して嫌な印象を持ってしまうだろう。場合によっては、購入へのモチベーションが減じる可能性もあるはずだ。真剣に考えれば、ブランドセーフティは巡り巡って、売上にも影響しかねない。

◎アドフラウド

前述したように、「クロ現」が「漫画村」とともに、その仕組みを告発したのがアドフラウドだ。「フラウド」は「詐欺」の意味で、そのまま「広告詐欺」と訳していい。

すでに紹介した通り、実際には表示されないサイトを裏に隠し、広告インプレッションをカウントしてしまう。「漫画村」のように怪しいサイトで行われていることが多いため、併せてブランド毀損も起こしかねない。

◎アドベリフィケーション

「verify」は確認する、検証する、の意味。広告効果を検証することの意味で、方向は大きく二つある。「ブランドセーフティ」が守れているかの検証、そして「ビューアビリティ」、つまり視認される形で広告が表示されたかの検証だ。

そのためのツールや専門事業者があり、それを使って検証していく。コストはかかっても、今やネット広告の現場で必要な作業になりつつある。

◎オンターゲット率

ネット広告は、ターゲティングできるのが優位点だ。だが、あくまで個々のユーザーのウェブの履歴を調べ、その人の趣味や傾向を推測してターゲティングを行うので、100％ではない。

「20才から29才の未婚の女性」などとターゲティングした際に、実際に該当するターゲットに何％広告を表示できたかが、「オンターゲット率」だ。使うツールやテクノロジーによって、精度に差が出てくる。

これらの用語を一つ一つ覚える必要はないかもしれないが、ネット広告に直接関与していない人でも、たとえば経営層の方々や広い意味でのメディア関係者には、〟こんな問題がある〟ことはぜひ知ってもらいたい。

「ブランドセーフティ」は経営上の問題であり、大切に守ってきたブランドが、あずかり知らぬところで傷ついている可能性があるのだ。若い層にとっては、マスメディアよりずっとネットのほうが身近だ。彼らが日々眺めている場所で、あなたの会社のブランドが毀損しているかもしれない。そのことに目を向けてもらいたい。

広い意味でのメディア関係者、テレビや新聞に携わる人びとにとっては、ネット広告はもはや関わらないわけにはいかない世界になっている。そこでどんな問題が起こっているかは、ぜひこの機会に真剣に知ってほしいと思う。

そして、もはやネット広告の問題は、関係者でなくても誰にでも関係することと思っていい。あなたも何気なくネットを楽しんでいる時、不愉快な広告表示に苛立《いらだ》ったり、怪しいサイトに迷い込んでしまったりした時に、大手企業の広告に接して驚くこともあるだろう。そこには〝問題がある〟のだと知ってもらいたいし、「漫画村」のように犯罪行為の手助けになってしまうことも出てくる。

ネット広告の問題は、もはやすべての人びとに関係あることなのだ。

棲み分けの破壊1――広告とコンテンツ

では、こうした問題が、なぜネット広告では起こるのか。

結論から言うと、「広告の棲み分け」が破壊されたからだ。この「棲み分け」は、三つのレイヤーで捉えられると思う。広告とコンテンツの棲み分け、広告と販促の棲み分け、まともな広告とブラックな広告の棲み分け、の三つだ。


まずは「広告とコンテンツ」の棲み分け。これはイントロダクションで少し書いたことだ。

メディアにおいて、広告とコンテンツがどう同居できるかは、メディアの誕生以来、人びとの頭を悩ませ、時に読者・視聴者の気持ちを逆なでしてきた。広告がメディアの中で存在感を発揮しなければ、広告主側の意向は報われない。だが、広告が主張しすぎると、読者・視聴者は嫌がり、メディアそのものから離れてしまう。

「企業が言いたいことなんか聞く気はない」。それが読者・視聴者の基本姿勢だ。耳を貸すと商品を押し付けられる。そんな懸念が広告にはつきまとう。

だから広告は、興味を持った人には目に入るが、無視しようと思えば無視できる立ち位置でいる必要があった。あるいは商品に興味を持たない人が広告を見ても、それなりに楽しめるものである必要もある。

新聞や雑誌の広告ページは、簡単にめくって飛ばせなければならないし、テレビやラジオのＣＭは、聞き流そうと思えば聞き流せる一方で、娯楽性も備えていなければならない。テレビやラジオの広告に娯楽性が強いのは、紙のページのように飛ばせないからだ。

読者・視聴者の側も、メディアに接する中で、広告との〝付き合い方〟を自然と身につけていた。新聞や雑誌の広告ページと記事ページの違いを直感的に判別し、広告と認識したら余程のことがない限り、ページを飛ばすことを無意識にできるようになっていた。

テレビの場合も、ＣＭの時間になるとトイレに行くなど、別の用事を済まして、また番組本編になる頃にテレビの前に戻って座っていた。実際、テレビの視聴率データを分刻《きざ》みで見ると、明らかにＣＭの時間にガクンと大きく下がっている。ＣＭを見せることこそテレビが収入を得るための手段で、営業的にはＣＭを見せるために番組を放送しているのに、視聴者は逆に番組を見たいのだ。

つまり、メディアの中で広告は、もともと矛盾を抱えた存在なのだ。こんなビジネスも珍しいのではないだろうか。寿司屋で言うと、客が食べたいネタを握る合間に、客が頼んでもいないネタも食べてもらわないといけない。そんな奇妙なビジネスモデルが、メディアなのだ。矛盾を抱えながら、微妙なバランスで成り立っている。

そんな絶妙さは、ＰＣ上のウェブメディアでも、当初はうまく保たれていた。見出しを表示し、魅惑する画像を配置して記事本文を読ませる。そんなコンテンツの隙間に、広告がうまく配置されていた。

いつの間にかパターンができあがり、記事の右上にディスプレイ広告が置かれ、記事の下には横長のバナー広告が、見出しの下や記事の隙間にアドワーズ（Google によるキーワード広告）のようなテキスト広告が滑り込まされている。うるさく感じることもあったが、読者もウェブでの記事の読み方を呑み込んで、ストレスをさほど感じずに記事を読むようになっていた。

「バナーブラインドネス」という言葉がある。ウェブで記事を読むことに慣れていくと、自然とバナーを視野の中で認識しなくなる現象をいう。記事を読んだあとでバナーがあったことは覚えていても、バナーの内容はまったく記憶していない。そんなことは、誰でも日々感じているだろう。

記事を読むのに差し障りがないから、同居できている。紙や電波の既存メディアと、この共存の在り方は変わりなかった。

ところが、スマートフォンでは話が変わってきた。コンテンツと広告が同居するには、画面が小さすぎるのだ。だが、ウェブはPCでもモバイルでも同じ記事が載り、同じ広告が掲載される。すると、PCでは違和感のない広告が、スマートフォンでは強烈に違和感を発揮してしまう。イントロダクションで書いたような、どれが見出しや記事で、どれが広告かわからないページと化してしまう。

スマートフォンはメディア史上で初めて登場した、コンテンツと広告が同居しづらいデバイスなのだ。同居しづらい、というより、根本的に同居に無理がある。それなのに広告を掲載し、なおかつ表示され、クリックされたことが示せないと、広告ビジネスが成立しない。

これまでの広告は、記事や番組など「コンテンツ」の枠と、1ページ広告やCMという

「広告枠」が別々に存在し、コンテンツ枠を並べた中に、広告枠を挟み込ませて配置することで成立していた。その「棲み分け」が棲み分けられなくなったのが、まずそもそもの問題なのだと考えられる。

スマートフォンには、「広告枠」は根本的に向いていない。そこにネット広告の問題の根源があると思う。

棲み分けの破壊2――広告と販促

もう一つは、「広告」と「販促」の棲み分けが破壊されたことだ。

広告業界には、ネット以前はＳＰ（セールスプロモーション）という領域があった。今もなくなったわけではないが、たとえば私が社会人になって入った80年代後半の広告代理店には、広告制作を請け負う「クリエイティブ局」もしくは「制作局」とは別に、「ＳＰ局」という部署もあった。

ＣＭや新聞、ポスターなどマス広告の表現物を制作するのが前者で、ＳＰ局は店頭に置かれるＰＯＰやカタログ、展示会で使うパネルなどを扱っていた。

こんな言い方も失礼だが、「クリエイティブ局に行くほどではない人」や「昔はクリエイティブ局で働いていたが、第一線を退いた人」が所属し、セールスプロモーション用の制作物を担当していた。簡単に言うと、マス広告の制作より〝一段下〟の扱いだった。

大手企業は、代理店に企画を競わせるコンペを盛んに行っていたが、クリエイティブ局の連中が企画を固めるのを待って、「このCMを展開すると、同時に店頭ではこのようなPOPを掲出します！」などとプレゼンするアイテムを作っていた。もちろん、案件を獲得したら制作もその部署で行う。

マス広告に従属的な存在がSPであり、多くはCMに出てくるタレントの画像を何パターンも使って、店頭を賑《にぎ》やかに飾る。「CMで見た商品はあれか」とお店でのサインになって、購入につながる。日本のCMにタレントが起用されるのは、店頭でのサインとしてのため、という解釈が当時は多かったと思う。

このように、マス広告と店頭などでのSPは領域が明確に分けられ、予算の出所も違うことが多かった。前者は「広告」であり、SPは「販促」だった。SP制作に「広告」の言葉は使っていなかったと思う。

「販促」はPOPなど店頭だけではなく、範囲は広い。街頭で商品の名前が入ったティッシュを配ることや、チラシを飲食店に置くこと、折り込み広告を新聞と一緒に家庭に配布することなども含まれた。マスメディアを使う「広告」以外の販売を促す行為は、すべて「販促」だった。

メディアを使うかどうかが違いの一つだが、求められる役割も違っていた。マス広告は商品を認知させ、欲しいと〝感じさせる〟ところまで。販促は実際に〝購入させる〟ことが求められる。

私が広告会社に入った80年代には、「ＡＩＤＭＡの法則」が広告業界の基礎知識として教えられた。ＡはAttention（注意）、ＩはInterest（興味）、ＤはDesire（欲求）、ＭはMemory（記憶）、最後のＡがAction（購入）のことを指す。マス広告では主に、最初のＡやＩが求められ、メディアによってはＤやＭの効果をもたらす。ただ、最後のＡ＝購入させることまでは、求められないのが常だった。Ａを担うのがＳＰ、つまり販促だったのだ。

そのため、マス広告の効果は、「認知度」「好意度」などをキャンペーン後にアンケート調査などで計測するのに対し、販促の効果は、売上という具体的な成果をもとに判定された。

制作業務では、マス広告は仕事として華やかで面白い。一方、販促物の制作作業はそれに比べて地味だし、売れたかどうかだけでドライに判断される。制作業務に携わっていると、できるだけ販促の分野には関わらないようにするのが無難だった。

しかし、90年代後半には、少し違った考え方が登場した。「スルー・ザ・ライン」の発想だ。ここで言う「ライン」とは、まさにマス広告と販促の間の線のことで、マス広告は線より上の「アバブ・ザ・ライン」、販促は線の下の「ビロー・ザ・ライン」とする。そしてアバブとビローの線を取っ払う考え方が「スルー・ザ・ライン」だ。

つまり、それまでの販促を下に見る捉え方を見直し、売上を決定づけるのはむしろ販促のほうだとして、マス広告の制作スタッフが、同様のクリエイティビティで販促物も制作する。

マス広告ではセンス良く美しい広告表現だったのが、いきなり店頭などに行くとベタで泥臭いPOPなどが掲出されるのを排し、タレントを使うだけでなく、トーン&マナーも含めて、本当の意味で一気通貫の表現にするのが、「スルー・ザ・ライン」の考え方だ。

あるいは、これまでのワンパターンな店頭装飾を見直して、まったく違うツールを作ってみたり、チラシやティッシュを撒《ま》く際にも、小洒落《こじゃれ》た仕掛けを考えたりする。マス広告から販促まで、一手に引き受けて売上にも責任を持とうという広告制作の新発想が、「スルー・ザ・ライン」だった。

ネット時代の前哨《ぜんしょう》戦《せん》的にそんな考え方が議論され、実際に一部で実行されていたことは、この章を読み進めるうえで知っておいてもらいたい。

さて、そんな中でも広告と販促は厳然と分かれていたのだが、ネットの時代になると、広告と販促に当たる活動が両方行われるようになった。ただ不思議と「ネット広告」とは言うが、「ネット販促」とは言わない。インターネット上のプラットフォームやメディアにある枠を使うので、「広告」のほうが馴染《なじ》んだからだろう。確かに、メディア上のバナースペースなどの「広告枠」に何らかの制作物を掲載するのだから、「広告」の一種と言ってもおかしくはない。だが、求められる役割は「販促」の用途が多かった。

ここまで見てきたように、広告と販促は求められる効果が違う。ネット広告に求められたのは、少なくとも黎明期《れいめいき》は売上増だった。つまり、販促と同じ効果が求められていたのだ。

ところが「ネット販促」とは言われずに、「ネット広告」の言葉が一般的になった。英語でも「Internet Ads」などと広告のほうが使われたようだ。

また、インターネット黎明期は、スマートフォンがなく、ＰＣ上での広告展開だった。ＰＣ上ではバナースペースも面積が広く、既存広告のようなデザインやコピーが多少は生かせたので、「広告」のほうが馴染んだのだろう。

ただ、ネット広告も次第にバリエーションが増え、アドワーズや検索連動型広告（検索エンジンでキーワードに応じて表示される広告）のようなテキストのみのものなど、より多様なスタイルのものが増えていき、広告と同じような表現は、そもそもできない手法が主流になった。ところが、それらもとにかく「ネット広告」と呼ばれ、さらにそこに技術的な仕組みを織り込んだ、「アドテクノロジー」という用語も一般化した。

先ほど「黎明期は売上増が求められた」と書いたが、思い返してみると2000年代半ばまでは、認知や興味喚起を目的とした、ネット上での華やかな広告展開もあるにはあった。欧米ではBMWのネットムービーが、トニー・スコットなど著名映画監督の手で制作され、話題になった。日本でも数千万円もかけたネット動画が、大手企業のために制作されたこともある。だが、さほど主流にならず、日本のネット広告は「販促」に傾いていったように思う。

とにかくネット上では、それまでのマス広告の役割も販促の役割も含んだ形で、「ネット広告」が独自の進化を遂げた。結果として、広告と販促の区別は意味がなくなり、両方を含んで「ネット広告」と称されるようになる。広告と販促の棲み分けは、ネットによって崩されたのだ。

棲み分けの破壊3――ブラック広告の侵食

最後に最も深刻な棲み分けの崩壊が、まともな広告とブラックな広告についてだ。

これについては日本インタラクティブ広告協会（ＪＩＡＡ）が、ネット広告の問題点を啓発する際に、その前提として語ることが多い。同協会編著の『必携インターネット広告――プロが押さえておきたい新常識』（２０１９年、インプレス）でも数ページにわたり、わかりやすい図も駆使して解説している。

インターネット広告が登場する前は、通常の一般的な広告や販促活動とは別に、ブラックな広告主に対応したブラックな媒体が存在していた。法律や条例、規制を無視したチラシや販促物、セールス活動などだ。告知する業態自体が裏社会のものであり、そんな依頼主のニーズに応じたパンフレットやツール、キャッチセールスなどである。

「ブラック」の具体例でわかりやすいのは、いわゆる反社会的勢力が営む領域のことで、法律を犯すような行為だ。いかがわしい風俗やギャンブル、法外な利子を取る金融などが思い浮かぶ。こうしたブラックな事業の広告は、それに見合ったエリアに置かれる怪しい媒体に掲載されていた。見る側にとっても、「こんなところで目にする広告はいかがわしいものだろう」と一目で直感できるものだった。

こうしたブラックな広告主とブラックな媒体は、一般の広告・販促の世界とは厳然と分かれた形で存在しており、互いに混じることはほぼなかった。棲み分けができていたのだ。

ところが、インターネットの登場で、この棲み分けの境界線が失われてしまった。

一般の健全な企業の広告・販促活動が、ブラックな媒体にもはみ出してしまったり、ブラックな広告主が、通常の広告枠を利用できてしまったりしている。ＪＩＡＡが問題視するのは、こうしたカオス状態で起こるネット広告のモラル喪失についてだ。

これまでの広告・販促活動は、依頼主企業と広告を仲介する広告代理店が、直接顔を突き合わせて進めていったし、そのプロセスでは取引先としての審査も行われていた。

ところが、ネット広告の販売では、必ずしもフェイス・トゥ・フェイスでなくても取引が成立する。そこに、モラルを保つ棲み分けが崩れる隙が生まれてしまうのだ。

「クロ現」で様々なネットの問題を追及し、取材班がたどり着いた先が、存在自体怪しい事業者だったのも、ネット広告が裏社会と繋がりやすいことをよく表していた。おかしなことをネットでやらかしているのは、ヤバい連中なのだ。

ブラックな世界と健全な世界の棲み分けの崩壊は、ネット広告をヤバい世界に開放して

従来の広告における棲み分け

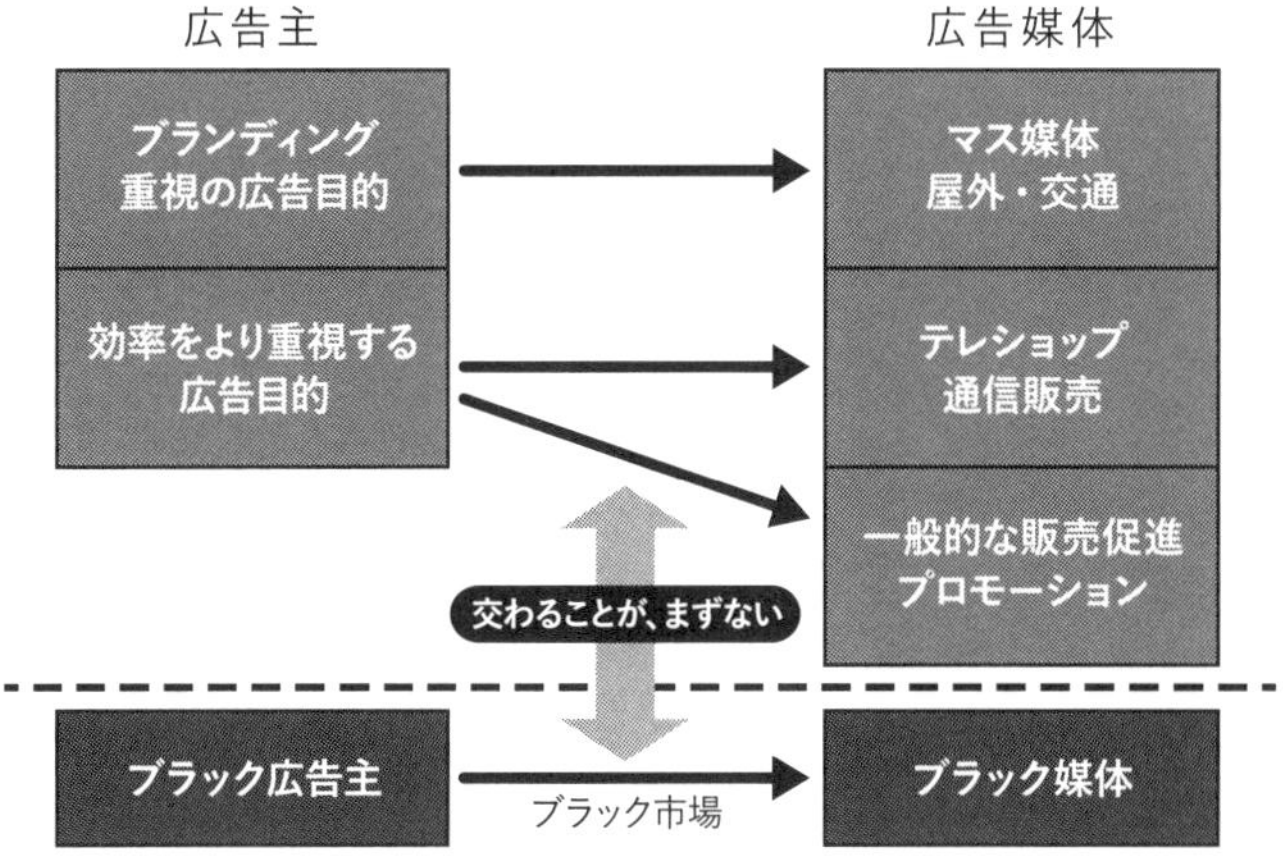

ネット広告における棲み分けの不在

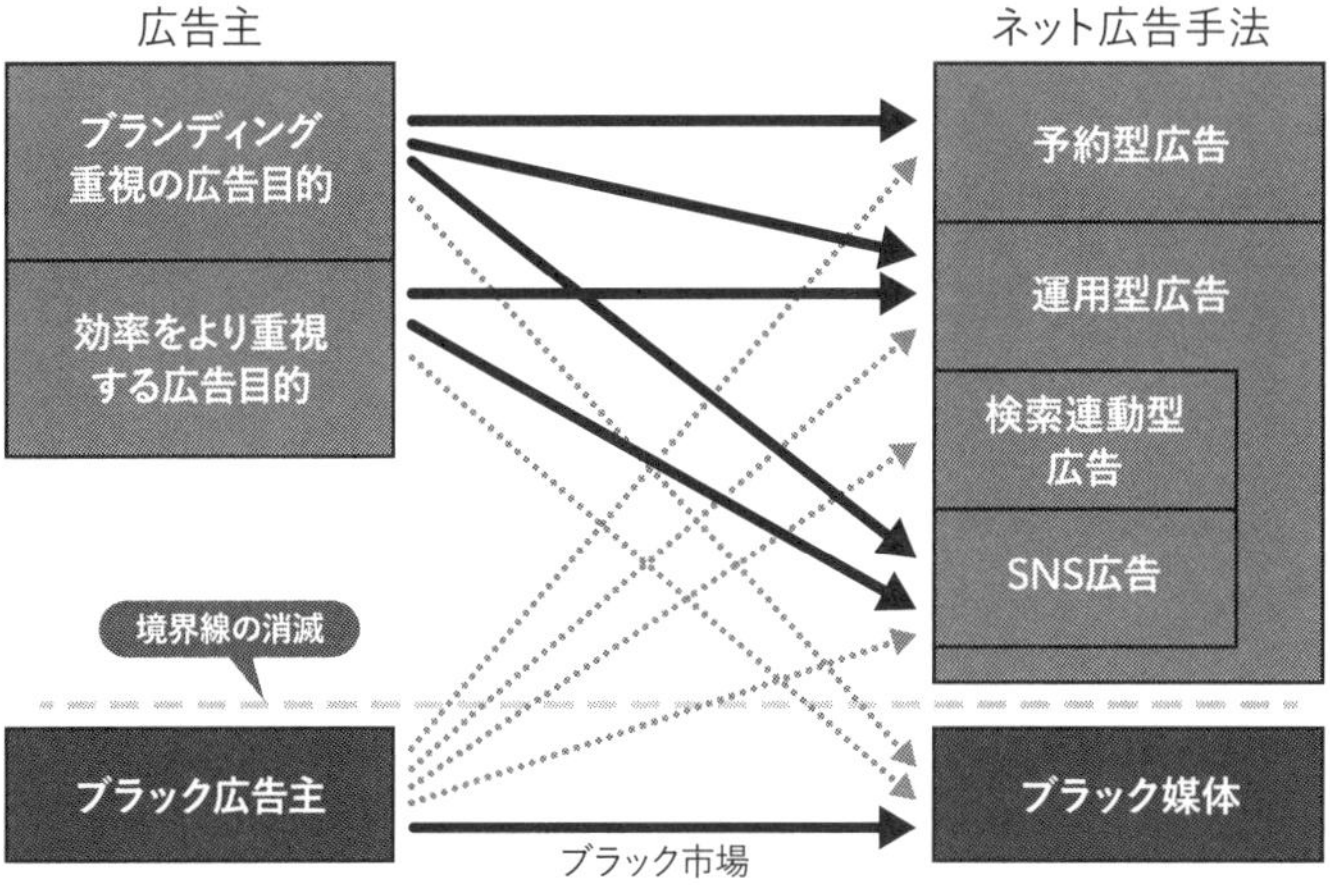

『必携インターネット広告』P202の図を基に作成

しまった。

生々しく例えると、歌舞伎町で配られている風俗情報誌が、まともな雑誌の中に混じって読まれているようなものだ。より正確に言うと、風俗情報誌に載るような風俗の広告が、女性向け美容誌に載ったり、逆に大手メーカーの化粧品広告が、風俗情報誌に載ったりしてしまうようなことが、ネット広告では平気で起きてしまった。

ネット以前には、どの広告をどのメディアに掲載するかは、一つ一つ広告代理店が提案し、広告主が承認して進めていたのが、アドネットワークなどで大量のメディアへの掲載が自動的にさばかれる中で、どの広告がどこに掲載されるかを誰も把握できなくなっているのだ。

こうした広告の棲み分けは、これまでの〝まともな雑誌〟の中でも実はあった。雑誌の表紙や表2（表紙の裏ページ）から始まり、前のほうのページには、大手企業による真っ当な商品の広告ばかり掲載されているが、後ろのほうには「幸福のペンダント」のような少しいかがわしく思える商品の広告も出ている。そして、最後の表3・表4（裏表紙の前ページと裏表紙）になると、また真っ当な広告に戻るというような棲み分けだ。

「幸福のペンダント」の広告を見ながら、私たちは自然に「雑誌でもこの辺りのページの広告になると怪しいものが載るんだよな」と無意識にでも理解している。

あるいは、スポーツ新聞には時々、そのまま効能を信じ難い精力剤の広告が掲載されるが、それも「まあ、スポーツ新聞だからね」という受け止め方をされる。違法ではないけど、ちょっと怪しい、そんな広告がスポーツ紙には載る、という暗黙の了解が、誰に教わったわけでもないのにできていた。

ネットはそんな〝お約束〟を、一切合切なしにしてしまった。立派な一般紙の記事も、スポーツ紙の記事も、フラットに平等に掲載される代わりに、「スポーツ紙なので、ちょっとコードが緩いです」という暗黙のルールもナシにしてしまった。それどころか立派な新聞社のデジタル版に、びっくりするような怪しい商品の広告が出るようになってしまった。

広告を掲載するメディアの棲み分けも、ネットは破壊したのだ。この三つの棲み分けの崩壊は、ネット広告問題の「背景」となった。

予約型と運用型、DSPとSSP

次にネット広告の問題点を具体的に解きほぐす際に、その取引形態について解説する必要がある。まず「予約型」と「運用型」だ。

「予約型」とは、具体的にメディアのどの掲載面かを指定して、広告枠を購入することだ。「Yahoo! のトップページのブランドパネルを、何月何日から1週間確保したい」というように指定する買い方だ。これは、既存のマスメディアの広告枠とほぼ同じ買い方なので、わかりやすい。

それに対して「運用型」とは、広告が一定のルールやアルゴリズムで選定された面に掲載される買い方だ。どのコンテンツやメディアにどう掲載されたかは、事後でなければわからない。

膨大で無限にも思えるネットメディアやプラットフォームで、一つ一つどの面に載せるか載せないかを検討していたら、いくら作業しても追いつかない。条件を決めておいて広告掲載し、様子を見て調整する買い方を「運用型」と呼ぶ。

電通が2020年3月に発表した2019年のインターネット広告媒体費詳細分析によると、そのうち約8割が「運用型」で占められていた。「予約型」も前年より伸びているものの、ネット広告の取引の主流は「運用型」のほうだ。

「予約型」で買うにしても、ネットメディアはそれまでのマスメディアに比べると、膨大で無尽蔵。そのすべての情報を把握し、どんな依頼にどのメディアがふさわしいか、窓口となる広告会社が必要となる。

こうして1章で解説した、メディアレップと呼ばれる中間的立場の広告会社が生まれ育った。日本では、電通系のＣＣＩと博報堂系のＤＡＣが、レップ大手として伸びてきた。

電通が発表した２０１９年の日本の広告費６兆９３８１億円のうち、インターネット広告費は約３割の２兆１０４８億円を占める。前年比１１９・７％と大きく成長し、ついにテレビメディア広告費を抜いたことが話題になった。

そう聞くと、インターネットメディアがテレビを超えたと受け取ってしまうだろう。だが、インターネット広告費のすべてが、我々のイメージする「メディア」を媒体とする広告費というわけではない。

たとえば、検索連動型広告が、全体の40・２％に当たる６６８３億円を占めている。Yahoo!やGoogleなどで調べたいことを検索すると、リストの上や横に関連サイトが表示される。広告費を払うから検索に合わせて表示されるわけで、それが６０００億円を超える巨大な市場を形成している。それは、これまでの意味での「メディア」と捉えるより、「プラットフォーム」に分類すべきだろう。この検索連動型広告も、「運用型」の一部を形成する。

運用型には他に、たとえばFacebookのようなＳＮＳで表示される広告、YouTubeで動画の前に出てくる動画広告も含まれる。さらに、アドネットワークや後述するＤＳＰも入ってくる。

インターネット広告はいくつかの軸で分類されるので、全体像の把握が難しいが、とにかく運用型が全体の約８割の１兆３２６７億円を占め、そのおよそ半分の６６８３億円が検索連動型広告。残りの部分、つまり検索連動型広告を除いた運用型広告に、今問題となっているネット広告の問題が潜むと言っていい。

予約型広告は、これまでのマス広告での枠の取引とさほど変わらないやり方で、どのメディアのどの面に表示されるかを広告主も広告会社も把握できているが、運用型広告は把握できない。そこに問題が起きかねない隙が生まれる。

これまでのマス広告では、広告主→広告会社→メディア（新聞・雑誌など）という、実にわかりやすくシンプルな流れで広告枠の取引が行われていた。それに対し、運用型広告の中心として出てきたデジタルプラットフォームは、膨大な数の広告枠の取引を、効率的

ネット広告のフロー

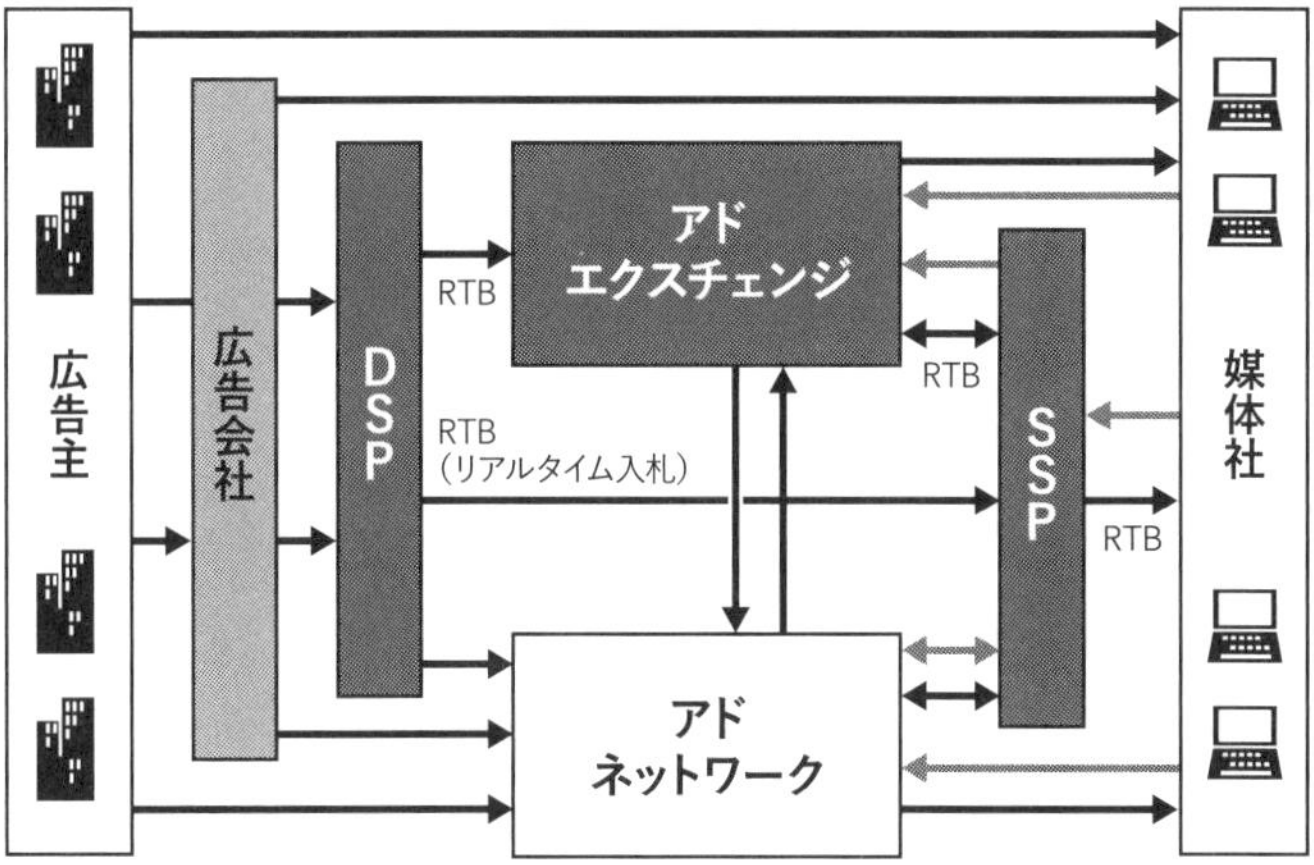

広告発注の流れ　広告在庫の提供

『必携インターネット広告』P172の図を基に作成

かつ合理的に行うために登場したもので、合理的だが極めて複雑だ。

そこでは、広告主→広告会社→ＤＳＰ→アドエクスチェンジ（アドネットワーク）→ＳＳＰ→メディアという流れで取引が行われる。ＤＳＰはDemand Side Platformの略、ＳＳＰはSupply Side Platformの略だ。

前者は広告枠を購入する際に、最も有効でコストパフォーマンスの良い買い付けを行うシステム。後者は逆に広告枠を売る媒体社にとって、最もいい値段を払ってくれる依頼を選んで広告を配信するシステムだ。

ＤＳＰとＳＳＰが間にアドエクスチェ

ンジを挟み込む形で、受発注の流れが構築され、コンピュータが計算したお互いにとって最適の広告配信が成立する。

言ってみれば、株取引の自動化プログラムが、広告取引で動いているようなものだ。実際にDSPやSSPの開発は、2008年のリーマンショックで金融市場からお払い箱になったエンジニアが広告市場に流れてきて、金融工学のノウハウを駆使して開発したのが始まりと言われる。

コンピュータが取引を理論的に処理してくれる。だから、莫大な量の広告枠に対して、どんなターゲットに、どんな期間で、どう広告展開をしたいかをインプットすれば、瞬時に最適の広告展開ができるようになった。

爆発的にネットメディアが増え続ける中で、発注側にとっても受注側にとっても、買い方・売り方を解決する、広告業界の魔法のツールとして歓迎された。ただし、メディア側にとっては、営業活動を自らしなくても効率的に広告枠が販売できる頼もしい仕組みである一方、手数料を取られる存在でもある。

たとえば取り分として、代理店が15％、DSP、SSPがそれぞれ15％とすると、計45％取られて、メディアが残りの55％といったところになる。場合によっては、データ利用料が10％取られて、メディアに入るのが45％になることもある。意外にメディアに利益が入らないことに驚くだろう。

そして、コンピュータに任せるということは、取引の一つ一つの中身を人間が把握できないということだ。そこに悪意が入る隙が生まれる。

2000年代のアメリカ金融市場では、金融工学の発達によって、リスクの高い金融商品を細分化することでリスクが見えなくなり、それが大手企業のファイナンスに組み込まれて大変なことになったように、DSPとSSPによる広告枠の取引には、リスクが見えなくなる懸念がある。

つまり、広告枠を提供するメディアからすると、どこに何の広告が表示されているかわからない。そんな不透明さがネット広告劣化の温床になったと言える。

「手売り」の非効率と「自動化」の怖さ

ネット広告の世界では、「手売り」という言葉がある。分類に当てはめれば「予約型」になると思うが、どのメディアのどの面に出るかを売り買いする際に、この言葉が使われる。反意語は「プログラマティック」、つまり「運用型」のアドネットワークやDSPを使ったプログラムによって、広告取引をする場合だ。

「手売り」主流の時代は、ネットメディアに営業マンが大勢いて、どの面にどう広告を出したらどんな効果があるかを企画書化して、代理店や広告主に説明して売っていた。企画書を使って手で売るから、「手売り」なのだろう。

ところが「運用型」の仕組みが整ってくると、同じメディアでも売り方がプログラマティックになり、営業マンがそれほど多く必要ではなくなる。あるメディア企業で営業部門のトップにいた知人が、こんな話をしてくれた。

「最初は私の下に手売りの部隊が50人いたんですよ。大手代理店別に担当する営業部隊がいて、原稿を受け取って入稿するオペレーション担当、販売管理担当、審査担当など、大勢いました。それで一つの広告事業部になっていた。ところが、そこまでの人手が要らなくなっちゃって、最後のほうはごく数人で50人の時と同じ利益を出していました」

DSPやSSPによるプログラマティック型の取引が、現場を効率化したのは事実だ。営業にかかるリソースが圧倒的に凝縮できた。そのことだけを取れば、無駄をなくす良い手法ではある。

「手売り」という言葉には、だから「企画書を手で持って行く、面倒くさい売り方」という否定的なニュアンスも感じる。ネット広告会社の営業マンが、「うちも手売りの部分、まだやってるからなー」などと愚痴りながら、営業に出向く場面を想像してしまう。手売りは面倒臭いのだ。

こうしてＤＳＰとＳＳＰが市場の主流になると、より効率的でクレバーなＤＳＰを開発し、その技術をベースにしたネット広告のベンチャーが、群雄割拠状態で出現した。

動画に絞ったＤＳＰとして、TubeMogul というアメリカで生まれた企業の日本法人が、鳴り物入りで市場に参入して勢いを見せた。この TubeMogul の関係者からこんな話を聞いた。

当時は TubeMogul のＤＳＰから Google のＳＳＰを経由して、YouTube の広告枠が買えた。Google はＤＳＰもＳＳＰも両方やっている。だから、YouTube に動画広告を大量に出稿できたのだが、ある日 Google 以外のＤＳＰからは YouTube の広告枠を買えないことになり、売上が激減。言わばエコシステムの爆破だ。TubeMogul、Verizon、MediaMath、Turn など、独立系のＤＳＰが突然グローバルで YouTube の広告枠を買えなくなった。

群雄割拠だったＤＳＰは、この話のように集約が進んでいる。たとえば、メディアレップ大手で博報堂ＤＹグループのＤＡＣは、MarketOne というＤＳＰ、YIELDONE という

ＳＳＰを持っている。ＤＳＰとＳＳＰによる市場では、メディアレップは不要になりかねないが、ＤＡＣはこの領域でもビッグプレイヤーとして、ビジネスできる仕組みを作り始めているのだ。

こうしたＤＳＰ、ＳＳＰによる広告受発注が進み、ネット広告の世界は効率化が進んだ。広告主にとって広告枠を買いやすい仕組みができた。だが、それが進めば進むほど、隙も生まれる。ＤＳＰの先でどんなメディアとつながっているのか、見えなくなったからだ。問題指摘の声はまず、海外で上がった。

２０１５年当時、世界はイスラム過激派の擬似国家・イスラム国（ＩＳ）のテロに悩まされていた。そんな中、世界最大の広告主企業として知られるＰ＆Ｇが、自分たちの広告がイスラム国のプロパガンダ動画に表示されていることに気づいたのだ。これは、ブランドセーフティが世界規模で重要視されるようになる、最初のきっかけとなった。

２０１７年には、ネット広告費を前年比でＰ＆Ｇが41％、ユニリーバが59％削減したことが伝えられた。本国からついた火が、日本法人にも飛び火して届き、日本の担当代理店でも対応に追われることになる。外資系企業は全体的にナーバスになり、日本でも広告がどんなサイトに表示されているか、ヘイトに関わる団体のコンテンツに表示されていないか、厳しく確認を求めてきた。

実際に、日本でもヘイトスピーチの動画に、ある外資系企業の広告が表示され、それをその企業に、ある人がわざわざ伝えてくる「事件」が起こった。これは広告業界の専門誌にも載り、大きな話題となった。企業側は事情を説明して、謝罪するリリースを出し、それ以上問題になるのは免《まぬが》れた。

だが今度は逆に、「なぜ広告を停止したのか」と企業に言ってくるクレームも来てしまった。騒ぎにはなりつつ、結果的にはそれ以上の問題は起こらずことなきを得たらしい。

このように、広告会社にとってネット広告の問題点はリスクになりつつあったが、外資系企業と国内企業では、空気が違ったようだ。外資系企業がどんどんブランドセーフティを気にするようになり、広告が表示されるサイトについて詳しい情報を求めるようになったため、代理店では外資を担当する部署だけがドタバタし、国内企業の担当者はそれを不思議そうに見ていたという。

ネット広告の仕組みは、DSPにせよ何にせよ、常に欧米が先行事例を作り、日本にやって来る。同じように、ネット広告の問題点への意識も欧米が先行したのだ。だから日本では、外資企業とその担当広告会社で先に問題視するようになった。

この段階では、国内企業ではネット広告の問題点は、自分事化できていなかった。広告会社でも、国内企業を顧客に持っているとピンと来ない。欧米で沸き起こったネット広告の問題が、日本でも問題として扱われるには、まだ少し時間がかかった。

CHAPTER 3

ハードルを越えるための解決策

——ホワイトリストと意識改革

広告業界の認識ギャップ

この章では、噴出してきたネット広告の問題に、業界関係者の様々な人びとが解決に向けて奮闘する姿を紹介する。広告主、広告会社、業界団体、プラットフォーマーなど、多様な人びとに取材した。

実はこの本に取り組み始めた時は、「問題点がある」ことを書くつもりだったのだが、取材してみると、「大きく解決に向かっている」ことがよくわかった。そこでは本当に、ここで紹介する方々だけでなく、問題に心を傷めてなんとか解決したい大勢の人びとが情熱を注いで臨んでいた。

では、解決の方向性と具体的な方策は何か。取材から見えてきたのは、ルールの明確化と意識改革だった。

『宣伝会議』2019年7月号で発表された、ネット広告の課題についての意識調査で、衝撃の結果が出た。「アドベリフィケーション」という言葉について聞くと、「言葉自体を知らない」と答えた人が、42・1%もいたのだ。「言葉は知っているが、その意味を十分に理解しているとは言えない」が26・1%、合わせると7割近くになる。「言葉を知っているし、その意味も理解している」がたったの31・2％と、問題認識が業界の中でできていないことがあからさまになった。

「言葉自体を知らない」人が、広告会社の人で53・8％もいて、広告主企業でも31・5％いた。メディアを仲介する広告会社で半分以上だったことから、ことの深刻さがうかがえる。ネット広告に多様な問題があるという事実が、もっと浸透しないと解決にはいたらないだろう。

私は広告の仕事をしている人なら、毎日問題に直面しているのではないかと想像していたので、意外なデータに驚いた。「クロ現」があれだけ番組で取り上げ、半ば社会問題化してもいるのに、自分たちが働く業界での問題を認識していない。

それでは、なかなか解決できないだろう。広告業界の側で解決に向かおうとすると同時に、発注側である広告主が解決へと導かないといけないのではないか。

日本アドバタイザーズ協会（JAA）という団体がある。広告主企業の業界団体で、テレビCMなどで名前をよく聞く名だたる企業がほとんど加盟している。資生堂から出向してJAAの常務理事を務める小出誠《こいでまこと》氏に、広告主の視点でネット広告の問題を聞いてみた。

するとやはりまず、問題意識の違いが大きいことを教えてくれた。

「問題を認知して解決に進み始めている広告主と、変わらずに無関心だったり、知ってはいるけど対応はなぜかやらなかったりする広告主がいますね。マラソンで言えば、先頭集団と第二、第三集団がどんどん離れていく。そういう感じでしょうか」

先頭集団の広告主は、社内で認知を高めて対応の必要性を共有し、様々なツールもコストをかけて使用して、問題に対処しているという。そう、ネット広告の問題点に対処するには、費用もかかってくるのだ。

ブランドを守るためには、費用をかけてでも取り組むべき課題だということを、会社として意識共有する必要がある。そのために社内で問題点を知ってもらうだけでも、大変な作業だろう。

もう一つ、小出氏はネット広告の問題がなかなか解決しないキーワードを教えてくれた。

「デジタルは、こういう取引のやり方なんだから仕方ない、という発想でしょうか。ブランドセーフティとしてよくないサイトを避けても、また形を変えて出てくるから、〝イタチごっこ〟なのだと言うのです。そのため、本質的な解決が遠ざけられている気がします」

〝イタチごっこ〟。いくら防ぐ方策を考えても、またそれを破る新しい手法が出てくるので、対策を講じてもいつまでも埒《らち》が明かない状態が続いてしまう。そんな風に諦めに近いことを言う人が多いのだ。

「しょうがないな、広告主が問題と言うなら対応しなきゃいけないけど、根絶はできないよ」

デジタル広告の関係者の一部の態度からは、そんな本音が垣間見えるのだという。

トラブルになるまで社内共有できない？

次々にいろんな問題が出てきて、広告主側も追いついていない実態もある。

「デジタル広告は、実に多様な課題を抱えているのが現状で、その多くは認知すらされていません。つぶさに知っているのは、かなり限られた広告主でしかなくて、問題自体を知らない人はいっぱいいるわけです」

様々な問題があることを、担当者がレポートを入手したり、セミナーなどで学び取ったりしても、部門長にまで共有するのは大変だ。

「オンターゲット率もニールセンが調べたところ、6割しかターゲティングできていなくて、4割くらいは違うところに出ていたとレポートしています。6割は平均値であって、ケースによっては1、2割くらいしか当たっていない例もあるわけですよ」

大きな問題だが、社内で共有できないと、次の展開でも「今まで通りのターゲティング広告を利用しよう」となってしまう。これも一つの〝イタチごっこ〟だ。

ターゲティングは主に、ウェブブラウザの「cookie」で、その人が見て回ったウェブの傾向を調べて行われる仕組みだ。AさんとBさんのcookieが、たとえば10のうち9まで同じだったら、近いターゲットと認識する。

だが、10分の9程度同じサイトを閲覧《えつらん》していたとしても、同じ車を好むとは限らないし、まったく違うお酒を好むかもしれない。さらには、たまたま訪れたのが家族のために見た化粧品のサイトだったとしても、女性と判定して口紅の広告を表示したりする。その精度が、ニールセン調べでは6割程度だったのだ。

そんな問題点は、仕組みを理解してニールセンのデータを見たからわかることで、普通の人は「ターゲティングできます」と言われたら、かなりの精度でできると受け止めるだろう。デジタル広告は、これもあれもできる、とのイメージが先走っているので、疑うべきだとは他部門の人や経営層は考えない。

日々情報収集してやっと把握できた問題を、他部門や意思決定権者に理解させるのは簡単ではない。

会社として商品として、ブランドを毀損し大問題になるのを防ぐのが、「ブランドセーフティ」。これも広告主の社内で課題だと認識してもらうのは、簡単ではない。

「自分の会社の広告が、不適切なサイトに出ているとしても、企業の立場ある人間は、直接目にしなければわからないじゃないですか。仮に5％でも、全体が1000万回だと50万回は出ます。それでも、たまたま権限を持った人の目に触れないと、リアルな問題として認識してもらえない。問題が見えにくいことが、デジタルの特徴だと思いますね」

あまり認識がない中、突然問題が浮上することもある。暴力的なサイトや不適切なサイトに広告が出ていた、と通報してくる一般の人もいるのだ。純粋に忠告しようと親切心で言ってくる人が大半だが、中にはクレーマーのように意図的に騒ぐ人もいるので厄介だ。広告表示の問題とともに、炎上のリスクも抱えることになる。そのため、急に社内でも〝騒ぎ〟が起こる。

「お客様センターからマーケティング部門に連絡が入り、そこから次に広告部門に対して、『管理体制の不備じゃないか、どうしてそんなところにデジタル広告が出ているんだ』

となる。そんなことが各企業で起こっているようです」

問題は突如起こったのではなく、見えないところで潜在的に起こっていた。本来は、露《あら》わになる前に問題認識し、対処すべきなのだ。

ブラックリストとホワイトリスト

では、こうした問題が浮上したら、どう根絶するか。ここからも〝イタチごっこ〟だ。

不適切なサイトをリストアップし、広告会社やアドネットワークに伝えて、リストにあるサイトを広告配信の対象から外す。これが「ブラックリスト」だ。すでに多くの企業がこのブラックリストを持っており、ネット広告を発注する際に指定するのが当たり前になってきた。

だが、不適切なサイトは後から後から湧いてきて、まさに〝イタチごっこ〟になり、キリがない。毎月更新しないと、次々に新しい怪しいサイトが出てくる。いや、毎週更新しても追いつくかどうか、とも言われている。ブラックリストによる対処には、限界が見えているのは否《いな》めない。

すると次の考え方として、「ホワイトリスト」の作成が浮上してくる。広告を出してはダメなサイトをリスト化するのではなく、ここにしか広告を出したくない、というリストだ。

このホワイトリストなら万全になりそうだ。ここにしか出せない、というリストなのだから、健全なサイトだけを選べば、怪しいサイトが入り込む余地はない。ところが、これも100％安全ではないという。ドメインを偽装する悪辣なサイトが登場しているのだ。そんな極悪非道のテクノロジーが可能なら、もうどうしようもないのではないか。

それでも、対抗策も次から次に出ている。防御ツールも出ているのだ。たとえば、IAS（Integral Ad Science）という会社のツールは、悪いサイトに広告が出そうになったら、その広告を真っ白にしてくれる。購入した広告面を白くするので、広告費はゼロにはならないが、最悪の事態は避けられる。

そんな風に、ブランド毀損の可能性を少しでもゼロに近づけるために、いくつかのツールを導入し、コストをかけて対処せざるを得ない。それでもネット広告について問題意識の高い企業は、すでにかなりのコストをかけている。そういう時代になっているのだ。

広告主にとってブランドセーフティは、様々あるネット広告の問題の核と言える。変なサイトに広告を出さない。そのために、まずはブラックリストで対処し、それでも防げないならホワイトリストを作って出稿先を絞る。さらに、防御ツールもコストをかけて使う。

ブランドセーフティには、労力もお金もかかるようになってきた。

ホワイトリストまではわかるとして、私が広告主だったら、防御ツールにコストをかけるのは納得がいかない気がする。メディア側や広告会社に、「そんなことくらいやっておけ」と言いたくなるのではないか。

八百屋に行ってリンゴを5個買って帰ったら、そのうち1個が腐っていた。私なら戻って八百屋に文句を言うし、八百屋も新鮮なリンゴに替えてくれるだろう。買う前に腐っているかどうかを判別する機材を、自分で買おうとは思わない。「それくらい八百屋のほうで対処しろ」と言いたくなる。

ただ、今起こっているのは、八百屋のほうも次から次に誰かに腐ったリンゴを混ぜられてしまうような事態だ。八百屋も腐ったリンゴを取り去れないで困り果てているなら、自分で判別機を買う、という選択をするかもしれない。危機感の強い広告主は、そこまでやっているのだ。

大げさかもしれないが、それくらい強い危機感を、広告主企業の中で共有する必要があるのではないか。共有というより、上層部、ひいては企業のトップにも問題を認識してもらう必要がある。そうしないと、防御ツールのような〝特効薬〟を、コストをかけて導入することにはならない。

ただ、社内共有を実現するには、担当者の覚悟が必要だ。広告担当者が上層部に伝えると、「そんな大変なことを、なぜ今まで放置していたのか」と逆に問われる可能性がある。自身が窮地に陥ったり、広告会社の責任追及が始まったりしてしまうなど、〝やぶへび〟になりかねない。

自分の立場が悪くなりかねないという広告担当者の怖れが原因で、ネット広告の問題解決が先延ばしになっている側面はあるようだ。私が担当者だったとしたら、周到な準備をしない限り、なかなか上層部には言えないだろう。

あるいは、上の人たちの中で、あの人にまず言って、そっちの人にはあの人から言ってもらって、などと説得の順番まで考えて、難しさに途方にくれるかもしれない。何しろ「ネット広告は安くて効果もあるんだろ?」というイメージが強いのだから。

だが、いつか知らないうちにトップに伝われば、今まで何をやっていたのかと、より叱《しっ》責《せき》されるだろう。問題に気づいた広告担当者は、自らが誹《そし》りを受けたとしても、やっぱり会社の上層部に訴えたほうがいい。少なくとも、できる対策から手をつけておくに越したことはない。

販促の延長線上で捉えられがちなデジタルマーケティング部門

広告主の中には、もう一つ大きな問題がある。デジタルマーケティング部門の人びとの意識の問題だ。

企業でコミュニケーションに関わる部門は、マス広告の時代は「宣伝部」と呼ばれていた。広告代理店を通じてマスメディアの広告枠を買い付け、そこで流す広告の中身を作っていた。

一方、ネット広告を担当する部門は、企業によって様々だ。おそらく最も多いのは、前章で述べた販売促進を担当していた部門が、チラシを印刷する予算でネット広告を打つようになったパターンだと思う。進んだ企業の販促部門は、最新のアドテクも学び、デジタルマーケティング部門を名乗るようになっていく。

ブランドセーフティ、つまりブランドを毀損されることへの危機感は、マス広告を担っていると肌でわかることだ。マス広告は商品について、「いいイメージを持ってもらう」「興味を持ってもらう」ことが目標で、実際に買うかどうかは販売促進の役割だった。

それが販促の延長線上でデジタルマーケティングを捉えている部門の場合、優先するのはイメージより目に見える結果だ。「今なら何％割引！」などと強調して、少しでも多くの人びとをサイトに誘導し、購入ボタンを押させる。そのためには、ネット広告をやっている時に、ブランドセーフティなんか気にしない。

チラシの代わりにネット広告をやっているのだから、レスポンスさえ良ければアダルトサイトにだって広告が出てもいい。いや、他よりレスポンスが高ければ、アダルトサイトにだって出したい。そう考える人もいる。クリック型課金広告なら、とにかく出せるところにすべて出したっていい。広告がそのサイトで表示されることで、ブランドが毀損されることがあるかもしれないが、とにかく成果重視なのだから。

さらに事態は複雑になってきた。最近はどの企業もＥＣで商品を売っている。自社サイトにＥＣサイトを併設し、直接消費者に商品を売っている。あるいは楽天など大手コマース事業者と提携し、そこで自社が開設したコマースサイトを持って商品を売っている。

自社によるＥＣへの誘導にネット広告を使っていると、ブランドセーフティも何も気にしないかもしれない。効果があるネット広告、売上につながるサイトへの広告掲載に血道をあげるのも無理はないというものだ。

仮に広告担当者がブランドセーフティの問題を訴えても、ＥＣ部門の責任者から、「知ったこっちゃない！」と言われてしまうかもしれない。

一昔前までマス広告中心にやってきた企業でも、販促がネット広告に代わり、ＥＣ事業の比重が高まると、前までは気にしていたブランド力やイメージを気にしなくなるだろう。

ブランドセーフティのために、これまでレスポンスの良かったサイトへの広告を断ち切ると、実際に売上が減るかもしれない。ＥＣの売上が自分の評価につながる担当者だったら、「その広告は絶対に止めるな！」と言い続けることになる。

広告会社の覆面座談会がある場で行われ、ネット広告の問題に直面したことがあるかと聞くと、全員が「ある」と答えていた。広告主に「いいからそのままやって」と言われたことがあるかも聞くと、やはり全員が「ある」と答えた。広告にお金を出す側が、問題のある広告を断ち切るのは無理なのかもしれない。

それでも長期的な視点を持てば、会社として取り組まねばならないし、そのためにはトップの判断が必要になる。ＥＣ担当者の評価は下がらない、という了解を会社として行わなければならない。ネット広告の問題は、遅かれ早かれ会社レベルの意思決定が必要になる。

ＪＩＡＡによるルールの明確化

問題解決の方向性はわかってきたが、実現の困難さも同じくらいわかってきた。私たちは、この〝イタチごっこ〟から抜け出せるのか。

解決するにはルールを明確化し、そのルールを軸にネット広告に関係する人びとを啓発していくしかない。ネット広告の一連の問題の中で、ルールづくりを先導する立場として存在感を増してきたのが、日本インタラクティブ広告協会（ＪＩＡＡ）だ。

この団体は、インターネット広告に携わる広告会社と大手メディアを中心に、いわゆるアドテク企業も含めた275社が会員となっている（2020年6月現在）。ネット広告でちゃんとした取引をするなら、加盟しないわけにはいかない業界団体だ。そのＪＩＡＡは、ここ数年かけてネット広告のあらゆる問題に取り組んできた。

わかりやすいところでは、「漫画村」の問題が起こるとＪＩＡＡはこれを重要視し、2018年6月には、「ＪＩＡＡにおける海賊版サイトへの広告掲載に関する対応について」というアナウンスをしている。

「当協会では、海賊版サイトへの広告掲載に関して、会員社の関与の有無や、問題認識、対策の実態等の調査を行っております。今後、調査によって確認された実態に基づき、改善の必要性や課題、有効な対応策等を検討してまいります。会員社において当協会が定める行動憲章及び広告倫理綱領に反する事実が確認された場合には、内部規程に基づいて公正に対処いたします」

厳しい口調で、「漫画村」などの海賊版サイトに広告掲載をしていたら、断固たる態度で臨むと言っているのだ。

実際に「漫画村」の騒動は、「クロ現」が取り上げて大きな話題になった末に、ある広告代理店の名がネット上で話題になった。その代理店も「漫画村」に直接ではなく、彼らの言う〝ＯＥＭ先（他社製品を製造する業者）による〟広告配信があったことを認めている。

ＪＩＡＡの毅然《きぜん》とした態度や、社会問題化した際に被《こうむ》る悪評への懸念によって、広告の売り手側の意識は変わりつつあるようだ。簡単に言うと、悪さに関われば社会的制裁を受けるのだ。

ＪＩＡＡは「漫画村」に限らず、ネット広告の分野で問題になったことがあると、指針や基準、ステートメントを出して広告業界に注意喚起してきた。

2015年3月(改定)「インターネット広告倫理綱領及び掲載基準ガイドライン」
「ネイティブ広告に関する推奨規定」
2016年5月(改定)「行動ターゲティング広告ガイドライン」
6月「ビューアビリティに関するJIAAステートメント」
2017年5月(改定)「プライバシーポリシーガイドライン」
6月「ビューアブルインプレッション測定ガイダンス」
8月「アドフラウドに対するJIAAステートメント」
12月「広告掲載先コントロールによる『ブランドセーフティ』確保に関するJIAAステートメント」
2018年5月「ビューアブルインプレッション広告価値検証調査結果」
2019年4月「ブランドセーフティガイドライン」

このリストがそのまま、日本のネット広告の問題の近年史になっている。そのたびにJIAAでは関連セミナーを実施し、業界の啓発に力を注いできた。地道な業界団体の努力だが、一歩一歩何が問題かを整理し、それを私たちが知ることが必要なのだと思う。

ＪＡＡによる「アドバタイザー宣言」

だが、ネット広告の問題を根本的に解決するには、発注元である広告主が動く必要もある。広告主の社内の課題認識のためにも、また広告主が動くことで、受注する広告会社や関係各社が意識を変えるためにも、広告主がルールを明確化する必要がある。

取材のため、先述の日本アドバタイザーズ協会（ＪＡＡ）の小出氏を訪ねた２０１９年秋は、絶妙なタイミングだった。ＪＡＡが主体となった、「アドバタイザー宣言」を出す直前だったのだ。小出氏はその趣旨を丁寧に説明してくれた。

「たとえばアドフラウドについては、絶対に認めない、ゼロにすると宣言し、どれくらいあるかを広告会社が広告主に報告してほしいと書いています。ビューアビリティの水準や取引の透明性、アドエクスペリエンスは絶対に守らないといけないから、広告会社やメディアも協力して欲しいとか、そういった内容になります」

つまり、ネット広告の諸問題について、対処策を広告主、広告会社、メディア企業と共通の基準で明記し、約束事としていこうというものだ。それらをみんなで一緒に守っていくことで、ネット広告の悪い側面を根絶していこう、タチの悪いパートナーを分別する基準を作ろう、という宣言である。

「パートナーを分別する基準を作ったうえで、監査する。監査して、〇なのか、×なのか判定します。そうすると、ちゃんとした広告主なら〇のところに出しますよね」

もちろん、先のレスポンスさえ良ければいい、という企業もあるかもしれないが、×がついたメディアや仕組みを使うのは、強い抵抗感が出てくるのではないか。一気には無理だろうが、アドバタイザー宣言とそれに沿った監査は、徐々にタチの悪い広告を根絶できるかもしれない。

「2018年5月に世界広告主連盟（WFA）が、世界大会を日本でやった際に、グローバルメディアチャーターを発表しました。欧米ではすでに監査体制もできていたのですが、改めて出た8項目の憲章です。日本でも追いかけて作ろうとしています」

考えてみれば、マス広告だって黎明期は胡散《うさん》臭い存在だった。それを先人たちが、社会的に認められるものにしたのだ。

「1952年に日本ABC協会ができたのも、同じだったわけです。新聞社はほとんどすべて加入していて、雑誌も3〜4割程度は入っています。新聞社や雑誌社が、自社で公表する部数は信じられない。そこで、日本ABC協会が第三者として、部数調査を始めました。『日本ABC協会50年史』(2003年、日本ABC協会)を読むと、印刷所や会社に入って伝票類を、請求書や送り状まで突き合わせて調査したことも書かれています。そこまでやるかはわかりませんが、方向性は同じです」

マス広告は信頼できる。そんな当たり前のことを当たり前にするまでには、先人たちの努力の積み重ねがあった。ネット広告にも同じような努力が、これから必要になるのだろう。

信頼できる良いメディアと、怪しいタチの悪いメディアが峻別《しゅんべつ》されるようになる。メディアとしての矜持を保ってきたメディアにとっては、いい効果が期待できるかもしれない。

「良いものは高いということは、世の中的には当たり前の話なんですよ。安いかわりに、リスクはあるよということです。ただ、今まではその識別が簡単にはできなかった。でも、これからは、安全な良いものはこちら、ということが、わかりやすく見えるようにならないといけない。そのためには、連合軍を作っていかなきゃいけない」

アドバタイザー宣言を守って監査で「○」をもらったメディアは、公認のホワイトリストに載るようなものだ。それによって広告単価も高まるのなら、真面目に頑張っているメディアにとっても、大きなプラスになる話だ。

そもそも日本のネット広告は、欧米に比べて単価が低いと言われてきた。広告単価が上がることで、コンテンツをきちんと作るメディアほど、マネタイズしやすくなるはずだ。逆に、いい加減なコンテンツでＰＶを稼いでやってきたメディアは、ホワイトリストに入れず、広告単価は下がるばかりになりそうだ。

「メディアさんだけじゃなくて、すべてのプレイヤーを対象にしようと話しています。広告会社やＤＳＰの業者も含めて。最初に発注を受ける広告会社から、2番手、3番手、その先まで。何段階もあって、最終的には4割くらいしかメディアにお金が回ってこないのが、グローバルでも問題だと言われています。だから、そのすべてを対象にしたい」

ネット広告のエコシステムが〝報われる〟世界になれば、どのプレイヤーにとってもいいことだ。

「ちゃんとした記事を、コストもかけて出していたメディアさんが生き延びていくことが、世の中にとって大切です。広告主としても、世の中に対しての話としても、意義のあることなので、そっちにいくのは社会正義ですよ」

広告主は、メディアのシステムを支えてくれている。だから、多様な情報や考え方がオープンになっていて、私たちは知ることができる。そんな意識を広告主の団体の立場にある方が言ってくれるのは、メディア関係者にとってなんと頼もしいことか。

取材のあと、「デジタル広告の課題に対するアドバタイザー宣言」は、11月26日に発表された。翌27日、28日に開催されたネット広告のカンファレンスイベント「アドテック東京」では、小出氏らが登壇するセッションで、その意義を解説した。取材の中で小出氏が言っていた、ＪＩＣＤＡＱ（仮称）という「監査」を行う団体が、２０２０年の設立を目指すとも発表になった。

12月17日には、同宣言を広告業界向けに説明する大規模なセミナーが開催された。私も参加したが、２００名を超える来場者で満員となっていた。参加者は真剣な面持ちで、熱心に登壇者の話を聞いている。小出氏の狙い以上に、大きなインパクトで広告業界に受け止められたことが体感できた。

宣言の内容は、ＪＡＡのサイトで見ることができる。私はセミナーで配られた印刷物を、本書の原稿を書く間持ち歩いていた。その８項目を紹介しよう。

1）アドフラウドへの断固たる対応

2)厳格なブランドセーフティの担保
3)高いビューアビリティの確保
4)第三者によるメディアの検証と測定の推奨
5)サプライチェーンの透明化
6)ウォールドガーデンへの対応
7)データの透明性の向上
8)ユーザーエクスペリエンスの向上

「断固たる」「厳格な」など力強い言葉が並んでいる。

たとえば、「厳格なブランドセーフティの担保」には何が書いてあるか。まず「関係するパートナー」としてメディア、プラットフォーマー、テクノロジー企業、エージェンシーとあり、ブランドセーフティは、広告エコシステムに関わる全プレイヤーに求められているとわかる。

求めることも具体的で、「ブランドセーフティを担保するため、ツールなどの手段を導入する必要がある」と、関与者全員で担保するべきと言っている。

強烈なのが、「アドバタイザーが取るべき姿勢」とある中に、「子どもに悪影響を与えたり社会を混乱させたり、怒りや憎しみを助長したりするメディアやプラットフォーマーへは投資しない」と書かれていることだ。漫画村のような著作権侵害サイトや、ヘイトスピーチのあるサイトには、〝広告を出さない〟と言い切っている。

これらをそのまま全関与者が守れば、悪質なサイトは淘汰《とうた》され、質の良いコンテンツを自分たちで作っているメディアの価値が高まるだろう。

監査機関JICDAQ（仮称）はこれからのスタートだが、監査が進めば、宣言に書かれた言葉が現実のものになるはずだ。レスポンスしか見ない企業の広告担当者も、「そのまま続けて」とは言えなくなりそうだ。

意識改革の成功がキー

12月の広告業界向けセミナーには、広告会社の一人として、ADKマーケティング・ソリューションズのデジタルビジネスプロデュースセンター長・清家直裕《せいけなおひろ》氏も登壇した。広告業界に向け、この宣言を啓発する立場としての登壇だ。

清家氏は、ブランドセーフティやデジタルのエコシステムに対する捉え方が、この数年で社会的にも大きく変わってきたと実感しているという。国内企業、外資系企業を問わず、ネット広告にまつわる問題を認識する企業が増え始め、広告会社の中でも課題共有が進んでいるそうだ。

「クロ現やビジネス系雑誌の特集の影響もあって、問題があることがクローズアップされてきました。こうしたこともきっかけとなり、広告主の間でもブランドセーフティに対する問題意識が高まっています」

ただ、ネット広告は、アルファベット3文字に略される専門用語だらけで、そこにアドベリフィケーションだ、ブランドセーフティだのと、新語が押し寄せてくる。多様な機能を持つ広告会社において、あらゆる部署がすべてを理解するようになるのは容易ではないだろう。

それでも、デジタルの重要性が増していく広告取引の今後を見すえて、清家氏のような専門家だけではなく、詳しくなろうと自発的に学ぶ営業マンも多いという。

「勉強して、自分で分析ツールなどを読めるようになっている営業担当者が増えてきています。デジタル担当者と連携して、業務を進めていこうという意識も高いですね。もちろんデジタル担当者も、自分の価値を高めるために、さらに継続して勉強しています」

ネット広告の問題点を学ぼうとする国内企業が増え、広告会社の営業マンも理解するようになると、ブラックリストを作ったり、ホワイトリストで出稿先を絞ったりするようになってきた。

そんな中で、ＪＡＡのアドバタイザー宣言が出た意義は大きいという。清家氏は宣言を説明するセミナーに登壇したあと、社内で説明会を開いている。広告業界にも社内にも啓発していく立場だ。社内説明会には、数百名規模で参加者がいたという。

「宣言の背景にあることを説明し、ブランドセーフティ、アドフラウド、ビューアビリティなど、基本を確認してもらっています。広告主の方から聞かれてもきちんとした回答と対応をできるようにしておくことが重要です」

アドバタイザー宣言セミナーで清家氏と一緒に登壇した中に、大手ニュースアプリである「スマートニュース」の広告事業責任者、川崎裕一《かわさきゆういち》氏もいた。広告会社とは別に、プラットフォーム運営企業の雄として、やはり業界を啓発する立場にあったのだ。

川崎氏は、テクノロジーがネット広告の問題の鍵《かぎ》を握るとかねて認識していた。

「ないはずのサイトを突然出現させたり、ないはずの枠に広告を表示したりすることによって、テクノロジーの進歩がアドフラウドを加速させました。ただ逆に、計測ツールの進化によって、クリックされたのに成果が出ていないものを追えるようにもなった。テクノロジーにより、問題が把握できるようになった面もあります」

そこには悪意あるテクノロジーと、それを見極めるためのテクノロジーの追いかけっこがある。川崎氏は、アドバタイザー宣言が出た意味をこう説明する。

「広告の健全性を高めようとしても、一つの媒体社だけでは全体の解決はできません。ですから、我々だけじゃなくて、他のプラットフォーマーさん、Yahoo!さんとか、ＬＩＮＥさん、新聞社、雑誌社、みんなで一緒につくっていかないと、健全性を担保するのがすごく難しい。

だからこそ、業界全体で解決していこうとの意識共有が重要です。アドバタイザー宣言を受けて、広告に関係するすべての事業者で変えていくムーブメントを起こしていきたい」

メディアやプラットフォームの側からの単体での努力も、今までよりいっそう必要になるだろう。

スマートニュースでは、以前から広告審査にはかなり注力してきた。広告を出す企業の審査。これは取引でのリスクとは別に、いわゆる反社会的勢力でないかどうかのチェックだ。また、広告商材の審査。広告の仕組みがルールを犯していないかの確認もする。さらに広告表現の審査もある。医薬品の場合は、薬事法上問題がないか、タレントを起用している場合は、契約書を交わしているかも確認するそうだ。

先述の通り、NHK「クロ現」がフェイク広告と名づけてタレント画像を無許可で使用する広告を告発したが、このフェイク広告に当たらないかも契約書で確認するのだ。川崎氏に取材する時、たまたまスマートニュースで表示された広告に、タレント画像が入ったものがあったので、これはフェイク広告に当たらないのですかと聞いてみた。

「僕らは『クロ現』が取り上げる前から、広告にタレントさんを使う場合には、事務所の許諾《きょだく》が出ているかを審査項目に入れています。だから、これも本人許諾を取っているんですよ」

と胸を張って答えてくれた。ひょっとして審査の網の目をくぐり抜けたものではないかと危惧《きぐ》して言ってみたのだが、スマートニュースの審査はそういうレベルではないことがわかった。

広告審査は今後、ネット上のメディアやプラットフォームで重要になってくるだろう。スマートニュースでは、川崎氏が統括する広告部門とは独立した組織として、審査部門がある。

「三権分立みたいなもので。私のお手盛りではいけないわけです。売上を上げることに対して、一番責任を持つ私が、『あそこの審査を緩めてくれよ』と言って通るようでは、審査にならない。できないときっぱり言えるように、ＣＯＯ直轄になっています」

マスメディアには、新聞社にせよ、テレビ局にせよ、同様に独立した考査担当者がいる。私も昔、ＣＭを企画していた時に、際どい表現の場合は、広告会社が事前にテレビ局に審査してもらっていた。広告会社も、「この表現だとあの局の審査で通らないかもしれない」と経験上察知して事前に動くのだ。

同じように今後、ネットでも審査部門があるかどうかが、広告セールス上ポイントになる可能性は高いだろう。

「安かろう悪かろう」の広告単価は上がるか？

ＪＡＡのアドバタイザー宣言を大きなきっかけに、広告会社やネット媒体の中で啓発が進めば、ネット広告の問題も解決に向かう。そんな期待が取材するうちに湧いてきた。一気に解決するわけでもないだろうが、はっきりと良い方向に向かっている気がする。

ただし、手がかかるし、コストもかかる。また、ブラックリストからホワイトリスト化が進むことで、広告の受け皿はかなり数が絞られていく流れにあると感じた。ホワイトリスト化は、広告主の側から見ると、コストアップにつながりかねないが、それも「流れ」の一つだと思う。そもそも日本のネット広告は、単価が海外と比べても、ずいぶん安いとよく言われてきたのだ。清家氏はその理由をこう分析する。

「初期のインターネット広告は、ファネルの下のほうの販促を目的とする使い方が多かったからだと思います。ローワーファネルでは、コストパーを重要視しますので、CPA（Cost Per Action：広告効果の指標で、顧客獲得単価を表す）が大事な指標となります。母数は出稿費になるので、100万回出して、1回0・1円などという世界。

ユーザーが使うメインのデバイスが、PC、ガラケー、スマホやタブレットと変化していく中で、徐々にファネルの上のほうの役割を担うようになってからも、広告の価値を伝えきれず、単価を上げられなかった部分はあります。それでも、動画や広告商品の開発、データの利活用などを通じて、単価を上げる取り組みは継続的に行われています」

ファネルとは「漏斗」の意味で、マスメディア時代のAIDMAを縦に並べて、逆三角形のモデルに置き換えたようなものだ。「認知→興味・関心→比較・検討→購買」の四つの

マーケティングにおける「ファネル」の図

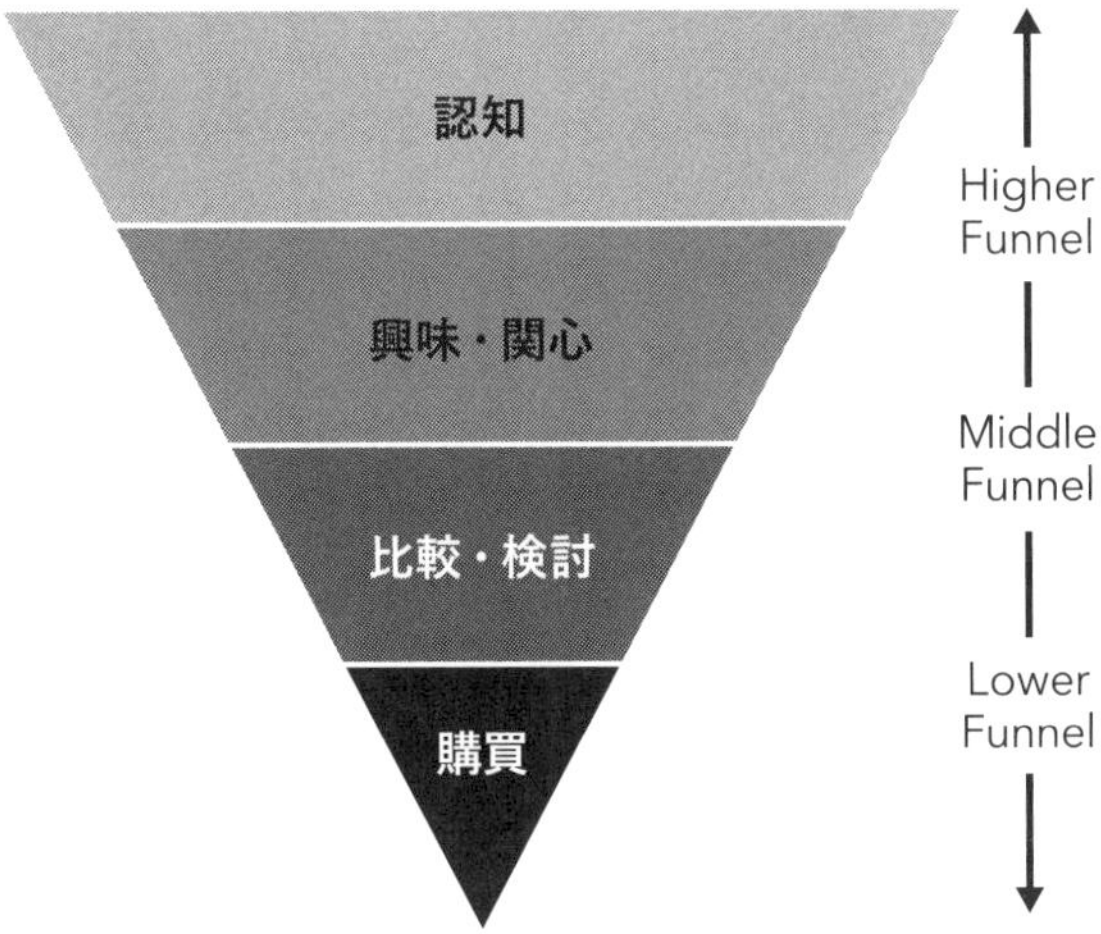

層で、逆三角形を埋めていく。

最初は広い層に認知させ、徐々に人数が絞り込まれながら購買にいたる道筋を作る、という考え方で、ＡＩＤＭＡと中間のワードが違うが、まずブランドを認知してもらい、最終的には購買というアクションを引き起こすという大まかな考え方は同じだ。ウェブマーケティングでは、前々からよく使われている概念図だ。

清家氏は、ネット広告がファネルの購買を促す販促の役割を担ってきたことを言っているのだ。これは前の章で述べた「広告と販促の棲み分けの崩壊」の話だ。

ネット広告は「販促」でスタートしたので、価格体系がそのままになっている。

「安かろう悪かろう」の通り、安いまま発展したからこそ、問題が入り組んでしまった。本来なら質を高めたら、単価は上がるべきなのだ。安いのにクリーン、というのはあり得ない。

ネット広告の問題を解決するには、ホワイトリスト化で媒体の数を絞る必要があるが、そうすると単価も上がる。無限の広告スペースが広がり、安く広告展開ができるのが、インターネット広告の売りだったはずだ。では、限られた媒体で価格が上がるなら、マス広告の時代に戻るようなものなのか？

もちろん、そうではないはずだ。ターゲティングしやすく、効果が数字ではっきり出る。マス広告に比べると、比較的安価で小さな企業でも始められる。そうした基本的な特長は変わらない。ただ、過度にアンコントローラブルだったところが修正される、ということだと思う。

この本を書くにあたり、ここまで何回も名前を出したＪＩＡＡには、様々なアドバイスをもらった。そのＪＩＡＡの幹部の一人が個人的な見解として、アドバタイザー宣言も含めて、業界内が変わってきたことを実感していると語ってくれた。彼はさらに解決の方向性として、二つの手法を挙げる。

「コンテンツやインフォメーションとして、価値のある広告表現をすることです。もちろん広告だと表示してですが」

インフォメーションとして価値のある広告という意味では、タイアップ広告がネット以前から主に雑誌でよく行われていた。広告やPRと表示したうえで、編集ページのスタイルで商品を語る手法だ。雑誌での手法の延長として、ネットメディアでもタイアップ広告は有効だ。また、より編集主導で作成した記事に、企業が「提供」などと表記する「スポンサードコンテンツ」と呼ばれる手法もある。

この「スポンサードコンテンツ」については、次章で出てくる「ネイティブ広告」の説明の中で詳述する。

また、より娯楽性を高めた「ブランデッドエンタテインメント」や「アドバテインメント」と呼ばれるスタイルもあり、意外とネット黎明期には、先述のBMWの映画監督によるムービーのような事例もあったが、逆に最近は取り沙汰されなくなった。

次の章で述べる二つの会社が取り組む方向性は、まさにこの「コンテンツとして価値ある広告」の延長線上にある。

解決のもう一つの方向性は、広告表示の形式についてだ。

「丁寧で、礼儀正しい、ポライトな広告の出し方も、より検討すべきでしょう。Coalition for Better Adsという団体がアメリカにあり、ユーザーにとって不快な広告表示を調査して、12のフォーマットを選定しました。GoogleはChromeからこの表示を弾いています。画面の30％以上を覆うもの、強制的に音を出すものなどです」

Googleは利益のほとんどが広告で、ユーザーが広告を嫌がってアドブロックを入れられるとビジネス上打撃になるため、対策にも積極的だ。日本には、この12種類には入らない独自の不快な表示形式があるので、ＪＩＡＡとしてそれらを整理・調査し、自主規制をしていく準備をしているようだ。

広告とメディアのＳＤＧｓを目指して

様々な会社や団体の人びとに話を聞いてもう一つ、重要な点も気づいた。より良い情報やコンテンツを届けたい、そこに仕事として関与したい。社会をより良くすることに関わりたい。そういう、個人としての志だ。

ＡＤＫの清家氏は、取材の中でこう言った。

「メディアって文化をつくる部分があるじゃないですか。ある企業の広告担当者が、今出ているネット広告の問題は、コンテンツをつくって良い社会にしていくクリエイターに、お金が流れなくなりかねないと言っていました。その企業は、サステイナビリティとか、ＳＤＧｓ（Sustainable Development Goals：持続可能な開発目標）とか、グローバルで進めています。そうした企業に関われるのがうれしくて、ネット広告の問題を解決しなきゃなと、よりいっそう思いましたね」

メディアはより良いコンテンツを届ける役割があり、広告はそれを補助している。ネット広告の問題解決は、上質なコンテンツを日常的に送り届けることにつながる。そんな意志を清家氏は持っているのだろう。

似た内容を、スマートニュースの川崎氏はこう言っていた。

「全般的に、広告が悪だというトーンセッティングがおかしいなと思うんですよ。じゃあ広告がない世界を考えた時、世界中の良質な情報を、何の対価もなしに見られるわけないじゃないですか。情報には取材があって、様々なコストをかけて作られるわけですから、なにがしかの対価がユーザーにも求められる。それは課金と広告です。そのうえで、広く多くの人に届けるためには、課金だけでは難しいと思うのです」

スマートニュースは、「世界中の良質な情報を必要な人に送り届ける」という企業理念を掲げている。そのために広告は、必要不可欠なシステムではないかと言っているのだ。

お二人とも、メディアやコンテンツに関わる仕事に携わる者として、強い使命感を持っていることがはっきり伝わる発言ではないだろうか。

青臭いようだが、広告が時に文化ともなり、人びとの心を引き付けるのは、そこに魅力と重要な役割を感じて働く人びとがいるからだと私は思う。それを使命感と呼んでしまうのは、自分もその一人としていささか照れ臭くもあるが、ネット広告の改善に欠かせないのが、そうした志だと思う。志のない人が関わるメディアや広告は、淘汰《とうた》されると信じる。今起こっているのは、情緒的に言うと、志のあるなしによる淘汰なのだ。

CHAPTER

4

PV商売からの脱却を図るメディア

――「コンテンツ価値」という答え

広告の問題はメディアの問題である

ここまでは、ネット広告の問題点とその原因、そしてアドバタイザー宣言を軸にした問題解決への業界全体の取り組みを見てきた。宣言一つですべてが一気に解決するわけではないとは思うが、それをきっかけに問題をより広く共有し、啓発活動を地道に進めることで、解決に一歩ずつ向かっていくと信じている。

この本も、そうした「流れ」の中にあり、その一助になればいいと取材を進めながら考えるようになった。

だが、この本では、さらにそこから考えを深めてみたい。ネット広告の問題が突きつけているのは、メディアの在り方、社会的なポジションの再定義でもあると思う。メディアとは何のためにあるのか。それをどう運営し、マネタイズすべきなのか。

マスメディアの時代には、どこか経済成長の〝勢い〟のようなもので誤魔化せていた、そんなメディアの本質的な存在意義が、ネット広告の問題噴出で問われている。その答えを導き出すことこそが、メディアの今後には必要であり、結局はネット広告の問題の解決にもつながると思う。本書執筆のモチベーションは実はそこにあるのだと、これも取材するうちに気づいた。

大きなヒントは、ネット広告の「非主流」の領域にあると考えている。たとえば、ネット広告の金額的分類に出てきた「運用型」。これがネット広告の8割を占める主流である。その多くを占めるのが、大手広告プラットフォームと呼ばれる、Yahoo!、Google、Twitter、Facebook、楽天、Amazon、LINEで、「七大プラットフォーム」と括られる。コンテンツを自ら制作する事業体ではなく、七つのうち五つはアメリカ出自だ。インターネット広告の主流であり、急成長しているのは、プラットフォームであって、メディアではないのだ。

こうした広告費の使い方は、もちろん大手企業の予算が日々流れる大河だが、一方で小規模な事業のプロモーションの受け皿にもなっている。泉から流れ出す小さなせせらぎの集合体でもある。

グローバルプラットフォームの恐るべき優位性が、そこにある。たとえば、Facebookは大企業にとっても、小規模事業者にとっても、実に使いやすい。Facebookのウォールには、名前をよく知らないベンチャー企業の広告がよく流れてくる。

あるいは、特定の領域をちょっと検索すると、そのあとはその領域の事業者の広告が継続的に表示される。ターゲティングされたからだ。かく言う私自身も、自ら運営するウェブマガジンの広告を、時々Facebookで運用することがある。数万円単位から使える便利な広告プラットフォームだ。

前に説明したもともとの棲み分けでいうと、「販促」に当たる領域だ。簡単にターゲティングして、チラシを撒くことができるのがFacebook。Facebookが成長できたのは、販促領域の予算の受け皿になれたからだ。

「七大」に集約されてきたプラットフォームは、メディアではない。では、メディアにとってのネット広告の居場所は、どこにあるのだろう。

メディア運営を今後どうするのか。そこに、ネット広告の課題解決に向けた別の糸口があると思う。

いつの間にか消え失せた新興メディア

プラットフォームは、コンテンツを自ら作り出さない。しかも巨大な、いや巨大という言葉では表現できないほどのメガプラットフォームだ。メガだから、生き残れたし、コンテンツを作るコストをかけないから、お化けのように大きくなれた。そして、運用型広告の受け皿になっている。メガだから運用型でやっていける、とも言えないだろうか。

ふと気づくと、１章で書いた雨後の筍のごとく現れたバイラルメディアは、いつの間にか次々に消えてしまった。学生アルバイトやクラウドサービスで募った安価な料金のライターに、記事を書かせるやり方は儲かるはずだったのに、なぜ数多くのメディアは無くなったのか？

実は儲からなかったからだ。スマートフォンでネット人口が爆発的に増え、またメディアが以前より簡単に立ち上げられるようになった。ＳＥＯに長《た》けていれば、儲かるように見えた。だが、実際には儲からなかったのだ。儲かった時代もあったのかもしれないが、続かなかった。

第１章でＷＥＬＱ告発について話を聞きに行った朽木氏は、取材の後半でメディアビジネスについても赤裸々に語ってくれた。たとえば、こんな話をしてくれた。

「ウェブメディアが仮に月間１億ＰＶ獲得できたとして、プログラマティック広告だけなら、１ＰＶ当たり０・２〜０・３円。記事広告で広げても、オールジャンルのメディアでは、平均すると０・５円を超えないと思いますよ」

これだと、月間１億ＰＶ×０・５円＝５０００万円。12カ月なら、年間売上６億円。30

名程度の会社で考えれば、それなりに利益は出るだろうが、成長領域として投資するような事業とは言えそうにない。それに、月間1億PVを獲得できているメディアは、数えるほどしかないだろう。

だから朽木氏は、まったくゼロからメディアを立ち上げて成功するのは、難しいのではないかと言う。

「大きな枠組みで見た時に、無料広告メディアで成功するのは、天文学的な確率だと思っています。ウミガメの産卵みたいで、効率が悪いですよ」

DeNAがパレット事業に取り組んだ時は、メディアがブルーオーシャンに見えたのかもしれない。だが、すぐにレッドオーシャン化したうえに、徹底的に効率重視で運営したことで、おかしな記事を平気で世に出してしまった。その結果がWELQ事件だった。

「今は名前が知られていて、営業がしっかりしているところにしか、メディアビジネスの活路はないかと思っています」

つまり既存の出版社、新聞社じゃないと、ネットメディアは難しい。そう朽木氏は言っているのだ。

ブランド価値を持つメディアでなければ厳しい。ブランド価値があることで、プログラマティック広告、運用型の受け皿の広告だけではなく、記事広告で価格を上げることができるかもしれない。

「広告を掲載する価値があると思わせないと、ウェブ広告費を奪い合っても、ネット全体のPV数には限界があるので、じり貧ですよね。だったら、ブランド広告を入れたりして、単価を上げる。CSRとか、世界的企業のブランド広告費とか。もとの財布を変えないと難しいですよ」

「販促費」ではなく、認知や好意を高めるための予算やCSR予算を狙わないと、メディアビジネスにならない。

ウェブ広告費を奪い合ったメディアは消えてなくなった。ブログを書いていた私に声をかけてきた(そして胡散《うさん》臭く見えたので、やんわり断った)いくつかのメディアは、もう検索しても出てこない。

ブログをまとめるBLOGOSは、今も存在している。ハフィントン・ポストは、ハフポスト日本版と名前を変え、編集長も私の知らない人に代わりながら、今も続いている。なんとか黒字になったと噂に聞こえている。BuzzFeed Japanも粘っているが、ビジネス的には大変だとこれも噂に聞く。

それ以外で名前も存在感もあるネットメディアは、東洋経済オンライン、現代ビジネス、文春オンラインなど、出版社が作ったメディアがほとんどではないか。まさに「名前が知られていて営業力がしっかりしている」ところだ。

ネット広告が支えるネットメディアは、次のステップにさしかかっている。当初の賑わいと勢いは失せたが、もっと落ち着いたメディア運営の舞台として、ビジネスモデルを組み立てようとしているのだ。意外にも主役は、新興メディアから、既存の出版社や新聞社にバトンタッチし始めている。そこには、ネット広告の価値転換が必要だ。

メディアの価値は「量」から「質」へ

そのポイントとなるのが、「量から質へ」のキーワードだと私は考える。

メディアの価値は、長らく数で示されてきた。典型が視聴率だ。視聴率20％の番組は、大きな話題になったと褒めそやされ、広告価値もそれにともなって高くついた。ゴールデンタイムで5％の視聴率しか取れない番組は、打ち切りになっていた（それが今変化しつつあるのだが、視聴率については次章で述べる）。

同じように、ネットメディアではＰＶ数が評価の根源だった。ＰＶ数はそのままインプレッション数につながり、その先のクリック数も生み出す。クリック率も問われるが、まずPV数が高くないと、クリックの絶対数は上がらない。PV数こそネットメディアの価値だった。

そうすると自ずから起こるのが、ネット記事のPV稼ぎだ。扇情的な見出しや刺激的な画像が表示されることで、見出しがクリックされ、記事を大勢が読み、PV数が高まる。実際に読んでがっかりしたり、つまらないと思ったりしても、PVにカウントされればいいのだ。編集者は、見出しでいかに人を惹きつけるかを競い合い、過大に見せる「釣り見出し」が横行する。

テレビもよく「視聴率至上主義」と批判されたが、ネットメディアも「PV至上主義」だと非難を浴びることがある。俯瞰《ふかん》で見れば同じことだ。ネットによってメディアが進化したように見えて、実は同じ穴の狢《むじな》になっていた。

PV数も視聴率同様、パッと数字で出るのでわかりやすい。「昨日の記事どうだった？」「10万PVいきました」「よっしゃ！」となるのも当然だ。

だが、PVがもたらすのは、数に応じた経済価値であり、しかもPV当たりの広告単価は下がり続けている。いくらネット広告が成長市場だからとはいえ、その伸び率を上回る勢いで、ネット上のメディアは増えている。メディアが増え、ページ数が増えるのに応じて、広告費が増えるわけではないのだ。

むしろページ数の伸びに、広告市場は追いつけない。すると、1PVに割り当てられる広告費は減るに決まっている。市場がホットになり、大勢がやって来てゴールドラッシュのように沸いても、金は無限に掘り出せない。

PV数をベースにした広告は、行き詰まろうとしている。PV数に応じた広告とは、アドネットワークやDSPによって、プログラマティックにもたらされる広告収入だ。ほとんどが運用型である。

運用型広告に頼っていては、ネットメディアは成り立たない。いくら釣り見出しをつけて、短期的に莫大なPVを稼いだとしても、原資が伸びないから長期的には苦しくなる。漕いでも漕いでも目的地にたどり着けない自転車のように、ネットメディアがなりつつある。このままでは体力が尽き、自転車が倒れてしまいかねない。それが今のネットメディアの実情だと思う。

量から質へ、と見出しに立てたのは、PV至上主義とは別の発想が、今起こりつつあるからだ。たとえばメディアの価値を示す指標に、「読了率」を加えるメディアが出てきた。

PV数だけだと、記事の中身の良し悪しは関係ない。釣り見出しでページに来てさえくれれば、インプレッションがカウントされてしまうのだから、記事をどれくらい読んだかは価値化できない。むしろ、とっとと記事から離れてくれたほうが、効率がいいとさえ言える。

一方、「読了率」とは、記事が最後まで読まれた率のことで、これもデジタルメディアだからこそ計測可能な指標だ。PV主義では記事は短くてもいいことになるが、多少長い記事でも最後まで読んでくれる人が多ければ、それだけ読み応えのある価値の高い記事だったことになる。そのぶん広告に接する可能性も高まるわけだし、広告価値を判断する材料になる。

こうしたPV数とは別の指標を売りにする傾向も出てきたことは、新しい流れの一つだ。

また、ネットメディアが、どんな読者が集まっているかを自ら分析して、セールスシートなどにわかりやすくグラフや図などで示すようになってきた。

プログラマティックな広告でも、ある程度のターゲティングはできている。ただし、cookieを基にしているため、中年男性が奥さんへのプレゼントのために化粧品やアクセサリーを調べて回ると、勝手に女性と判断されることもままあった。そのため、中年男性に女性向け商品の広告が表示されてしまう。そんな経験を実際にした人も多いだろう。

そういうアルゴリズムが判断するターゲティングとは別に、自ら読者層を明らかにすることで、広告主に「選ばれるメディア」を目指すのだ。そのために自己分析が必要になってきたわけだ。そしてそれは、メディアを運営するからには、当然知っておくべきデータのはずだ。

さらに、ブランドセーフティのために、ブラックリストやホワイトリストを用意することが、徐々に当たり前になってきた。ホワイトリストに加えてもらうためには、きちんとしたメディア運営をすることに加えて、どんな読者が読んでくれるメディアかを明らかにする必要が出てくる。

量から質へというのは、みんなＮＨＫのような真面目なメディアになりましょう、という意味ではないのだ。ここで言う「質」とは、広告主やブランドによって違ってくる。中年男性に高級車を売りたい広告主にとっての「質」とは、その車に合った人びとがアクセスしてくれるかどうかであり、若い女性に向けて化粧品を売りたい広告主にとっては、そうした女性たちが集まるメディアかどうかだ。

となると、どんなメディアであり、どんなコンテンツかが重要になる。人はコンテンツに集まるのだ。広告主にとって魅力がある、「こんな人たちが欲しい」と望む読者が集まっているメディアであれば、広告を掲載したくなる。それは、プログラマティックなターゲティングと同じようで、かなり違うのだ。

良いコンテンツには、広告価値があるはず。こう言うと美しいが、果たして具体的にはどうすればいいのか。

今後の方向性の一つ「ネイティブ広告」

その答えの一つとして、ネイティブ広告について説明しておきたい。

ネイティブ広告と聞くと、多くの人は「タイアップでしょう」とか、「記事広告ですよね」と言う。まったく間違いではないが、少し違う。またある時期、ネイティブ広告を「ステマだ！」と指摘したがる人もいた。これはまったく違う。

だがいまだに、ネイティブ広告とは何なのか、曖昧な人も多い。日本で明確に解説したのは、JIAAがまとめた『ネイティブ広告ハンドブック』だ。

ネイティブという言葉は、たとえば北米の先住民族を「ネイティブアメリカン」と呼ぶように、「その土地固有の」といった意味を持つ。「ネイティブ広告」とはつまり、そのメディアに馴染んだ形式の広告のことだ。そしてハンドブックでは、ネイティブ広告とは誘導枠、もしくは誘導枠とその先のコンテンツのセットだと定義している。

誘導された先に表示されるのが「タイアップ広告」だが、ハンドブックではそれとは別に、「スポンサードコンテンツ」もしくは「ブランドコンテンツ」も解説している。誘導された先が当該メディア内なら、「スポンサードコンテンツ」、誘導されたのが企業サイト内なら、「ブランドコンテンツ」に分類される。

この「スポンサードコンテンツ」が、これまでの新聞や雑誌のタイアップ広告に近いため、「ネイティブ広告＝タイアップでしょ」との〝ちょっと違う〟認識をもたらした。というのも、日本の新聞や雑誌で前からよくあった「タイアップ広告」は、欧米ではほとんど行われていなかったそうなのだ。スポンサードコンテンツは、欧米で新しく出てきた形式なので、実は日本のタイアップ広告とは出自がまったく違う。

もう少し具体的に説明しよう。たとえば「スマートニュース」を開くと、様々なメディアの記事の見出しが並ぶ。その並びの中に、「広告」と表示された枠もある。ネイティブ広告の誘導枠だ。これを押すと、企業が用意した外のサイトにジャンプし、様々な商品に関係した情報のページであることに気づく。これが先の分類で言うと「ブランドコンテンツ」だ。

また、私も時に寄稿する「現代ビジネス」というメディアがある。トップページを開くと、多彩な記事の見出しが並ぶが、その中に著者名ではなく企業名が表示された見出しもある。これもネイティブ広告の誘導枠。開くと、現代ビジネスのサイト上なのだが、商品やブランドを取材した記事に飛ぶ。現代ビジネスが作成した記事で、これは「スポンサードコンテンツ」と呼ばれる。

いずれにせよ、ＪＩＡＡの『ネイティブ広告ハンドブック』の定義では、スマートニュースや現代ビジネスの通常の記事の見出しと同じフレームで、スポンサードコンテンツやブランドコンテンツに誘導する枠が、ネイティブ広告の主体だとされている。そのメディアの記事に馴染んだ形式だからだ。さらにスポンサードコンテンツも誘導枠とセットで、ネイティブ広告と定義している。誘導枠が主で、スポンサードコンテンツが従、という捉え方だ。

もっとわかりやすい例としては、Facebook のタイムラインに、友達の投稿と同じように流れてくる広告がある。あれもクリックすると、その企業の Facebook ページやウェブサイトに飛ぶ仕組みで、ネイティブ広告の一種だ。

また最近、新聞のネット版を読むと、記事の下のほうに八つくらいの枠が並んでいて、「オススメ」などと表示されている。その新聞の他の記事の見出しが並ぶ中に、企業名の見出しもある。それを押すと、やはり企業のウェブ上の「ブランドコンテンツ」に飛ぶ。第1章でも登場したレコメンデーションエンジンと呼ばれるネイティブ広告の形式だ。

それぞれ〝無理やり表示される〟ものではないのが、ネイティブ広告の重要な特徴だ。狭いスマートフォンの画面でも、メディア体験を不快にしない形式だと言える。

ネイティブ広告の説明は、なかなか文字数を要するし、骨も折れるのだが、定義はうっすら知っておいてもらえば十分だろう。ただ、このネイティブ広告の考え方は、頭に入れておいてもらいたい。

「メディアに馴染んだ形式」の枠で誘導する仕組みや、その先にある「スポンサードコンテンツ」こそが、私が言及したいものだ。「スポンサードコンテンツ」をどう着地させ、どうセールスしていくかにこそ、今後のメディアビジネスの鍵があると思う。

ネイティブ広告の仕組みは、既存の広告とかなり違う発想のものだ。これまでのメディアは、テレビCMも新聞・雑誌の1ページ広告も、そしてYahoo! のブランドパネルも、あらゆるバナー広告も、広告枠が中心だった。

メディアは料金をもらえば、広告枠を明け渡し、その中身は広告主側が制作していた。広告に熱心な企業は、自社内に制作を担うセクションを持っているが、ほとんどは広告代理店に委託して制作させる。そしてそこでは、広告枠そのものが価格の根源だった。

だが、ネイティブ広告は、制作するのはメディア側だし、重心は広告枠よりコンテンツにある。また、既存の広告枠は、メディア側のコンテンツとはっきり違う枠だったが、スポンサードコンテンツは、もっと溶け込んでいる（だからこそ、ステマにならないように「広告」「PR」などの表記は必須となる）。

この考え方は、スマートフォンに馴染むのではないか。ネット広告のメインストリームになっていくのではないか。画面が狭いと、「広告枠」は邪魔になってしまい、コンテンツと共存しにくい。それが「メディアに馴染む」広告であるネイティブ広告なら、この問題がクリアできる。

スポンサードコンテンツが主流になれば、ネット広告の危うい問題点、ブランド毀損やアドフラウドは少なくなるはずだ。メディアがしっかり仕組みも中身も責任を持つので、怪しい第三者が関与できない。また、ホワイトリスト化の流れにも合うし、手がかかるので単価も上がる。

ネイティブ広告の考え方にこそ、ネット広告の問題解決の鍵があり、メディアがまっとうに収益化できる道筋も見えるはずだ。私はそう見ている。

また、スポンサードコンテンツというと、「タイアップなんでしょ？」「商品を媒体が無理に褒めるんでしょう？」と考えがちだが、それも違う。そんな太鼓持ち記事なんか読まれないし、下手をするとメディアが読者から嫌われてしまう。メディアにとってのブランドセーフティを侵しかねない。

スポンサードコンテンツの理想的な例は、テレビ番組「くいしん坊！万才」だ。キッコーマンがスポンサーで、毎回タレントが全国のおいしいものを食べて回る。番組の中でキッコーマンは出てこないし、醤油が毎回強調されるわけではない。キッコーマンは提供社であり、そのCM枠で商品を紹介する。だが、毎回見ていると、自然にキッコーマンの醤油に愛着がわく。

これに限らず、テレビのミニ番組は、コンテンツとブランドの関係が絶妙だ。富士通「世界の車窓から」、キユーピー「3分クッキング」など、どれも番組と企業のイメージが強く結びついている。そういった発想で、ネット上でのコンテンツを作ればいいのだと思う。

もちろん、動画でなくてもまったく構わない。企業や商品のブランドに近い世界観、包みこむようなテーマ設定をすれば、うまくいくだろう。バナー広告であっても、コンテンツの世界と馴染む受け入れられ方をするはずだ。すると、クリック率も自然と高まる。

コンテキストという概念がある。無理やり訳すと「文脈」となるが、広告を見せる上手な「文脈」を作れるかどうか。スポンサードコンテンツの作り方のポイントが、このコンテキストにある。

興味を感じる見出しから、さらに興味を引き出す記事につないでいって、企業が伝えたいことにつないでいく。ネット広告に必要なのは、そういうコンテキストだ。コンテキストをうまく構築して、スポンサードコンテンツにたどり着いてもらう。その流れを作ることが、メディアにとっての「広告開発」になる。

メディアジーンの「ブランドチャネル」

ここからは、このスポンサードコンテンツの考え方を発展させ拡張し、ネット広告の課題を乗り越えたメディアビジネスを実践している企業を紹介しよう。

今田素子《いまだもとこ》氏は、雑誌『WIRED』日本版をローンチさせ、マネジメントを担当したのち、インフォバーン社を設立して社長に就任。ギズモードなど、数々の雑誌およびインターネットメディアを立ち上げてきた。2008年には、関連会社としてメディアジーンを設立して社長に就任し、引き続きメディア運営に携わっている。

私は2018年の1年間、電通総研フェローのプロジェクトに参加して、同じ〝フェロー〟としてご一緒した。前々から存じ上げてはいたが、電通総研で毎月2回の会議で接してメディアジーンの考え方に触れ、これからのメディア事業のモデルがそこにあると感じていた。そこで、この本の取材で改めてじっくり話を聞いた。

今田氏の考えのベースには、紙のメディアの経験が感じられる。まず良いコンテンツありき。それをベースにしてどうビジネスにするかを、ネット黎明期から模索してきた戦士だ。ネットメディアをより良い空間にすべく、業界団体の活動にも精力的に参加し、実践を生かして発言している。

メディア運営の要諦を理解している今田氏から見ると、ユーザーデータを渡すようなネットワーク広告配信は、「メディアの価値を外部に切り売りしているということです」と断じるべきものだ。

「どういう人が読んでいて、どういうモードで読みに来ているかが、メディアの価値なのに、アドネットワークに頼りきってしまうことは、それを手放してしまうこと」だというのが、今田氏の解釈である。どんな人びとが、どんな気持ちで読んでくれているかを自ら把握し、それを自ら売り物にするのが、メディアの価値だと考えているからだ。

「多くの出版社が、デジタルに重きを置くのが遅れたために、業界全体として、目の前の日銭を稼ぐだけの戦略のないメディア運営をやってきました。実はうちも、そんな荒波にもまれて、苦渋の選択をし続けて生き残ってきました」

アドネットワークに翻弄《ほんろう》された苦い経験が、今の明確なポリシーを生んだのだ。

電通総研での雑談の中で、スポンサードコンテンツを中心に、マネタイズを工夫していると聞いていた。改めてそこを聞くと、さらに進化した手法を話してくれた。

「スポンサードコンテンツは、意外と手間がかかるんです、1本、1本。代理店も、ブランド側も、うちも手間がかかる」

これは、スポンサードコンテンツの実施でよく聞く話でもあった。メディアのカラーに沿った形で作成し、スポンサーの意向も反映する必要がある。これを1本1本やっていくと、量をさばけないので、お互いにビジネス効率がよくはないのだ。

「それでも、メディアとブランドで組んで、うまく掲載面を使って、さらなる価値を見出す方向にいきつつあります。ブランドチャネルの形で、複数本記事を出して、それに対してどんなユーザーが興味を持つのかとか、ユーザーがどんなキーワードで反応するかとか、データが取れるので、それを実際にブランド側のマーケティングにも活用してもらうやり方になってきました」

ここで言う「ブランドチャネル」とは、どんなものか。これは、メディア内に開設した企業メディアのようなものだ。たとえば、メディアジーンが運営するメディアの一つ、Business Insider Japan の中には、Forward Thinker という「チャネル」があり、Sponsored by 日本アイ・ビー・エムと表記されている。

そこには、「未来に向けてチャレンジしている人」のインタビュー記事の見出しが、複数並んでいる。記事を開くと、インタビューのイントロダクションが表示され、「mugendai で続きを読む」というボタンがある。これをまた押すと、「mugendai」というサイトに飛び、どうやら日本アイ・ビー・エムのオウンドメディアらしいとわかる(2020年6月現在)。ちなみに「mugendai」は、インフォバーンが制作を請け負っている。グループ会社でうまく役割分担している形だ。

この構造は、ネイティブ広告の説明で出てきた仕組みと似ていることに気づくだろう。

ネイティブ広告では、見出しの広告枠とスポンサードコンテンツのセットだったが、ここではそれがより複合的に設計されている。メディアの中にメディアがあり、そこが外部メディアの入り口になっているのだ。

また、その Forward Thinker に人をどう呼び込むかについても、メディアジーンは業務を担っている。メディアの中に誘導する広告を置いたり、別のメディアから人を連れてくる施策をしたりも含めて請け負う。もはや広告枠を売るのではなく、仕組み全体を売っているのだ。

さらにスポンサードコンテンツを読んだ人が、どんな行動を取るかもデータで示す。商品の購買に結びつけたいコンテンツの場合、読んだあとで購買する割合は明確に高く出る。いわゆるコンバージョンが高いのだ。データもセールスの材料になっている。

Business Insider Japan の事例は、上質で見栄えもいいが、商品を売るという目的の広告ではないように見える。通常の商品プロモーションとは、広告予算の出所が違うのだ。

「Business Insider Japan への企業からの出稿は、コーポレート（人事・総務など）の予算からが多くて、会社自体のブランディングや採用が目的になっています。ミレニアル世代の採用って難しくて、社会にとっていい会社かどうかが重要なポイントになるようです。社会課題解決に関わる話題をよく取り上げるのは、ミレニアル世代の読者層に合わせているから。昔だったら、ビジネスニュースメディアの記事として成立してませんよね。でも、今はそういうことに若い人たちの興味があって、ニーズがあります」

若い人たちの社会問題意識の高さを捉えて、Business Insider Japan は成立している。だからこそ、企業のブランディング予算が獲得できているのだ。予算の出所が販促と違うのは、朽木氏の話と重なるだろう。

こうした新しい形式や構造を開発し、それに値付けしていく。それがメディアの新しい広告ビジネスになっている。一つ一つの広告枠を売るわけではないし、全ての広告枠をプログラマティックに委《ゆだ》ねるわけでもない。新しいメディアビジネスのモデルがそこに見える。

メディアジーンのビジネスは、広告だけではない。Eコマースも、売上の重要な柱の一つになりつつあるという。

「ギズモードはECがすごく売れていて。Amazon の商品を扱うメディアの中で、特別セールスの時期には数億円も売れていたりします。ギズモードはガジェットのメディアで、モノを買うことへの親和性が高いんですよね。ユーザーにとっても、いいものをタイムリーに紹介することが価値になる。

広告が収益のほとんどを占めるわけではなくて、ＥＣもそうですし、イベントもそうですし、全体の売上の構成がすごく変わってきている。モノが売れるのが広告主にとって価値になるので、そこまでを含んだ広告との連携の形も模索しつつあります」

広告枠を売ること一辺倒だったメディアビジネスが、広告手法を広げるだけでなく、マネタイズのバリエーションをいくつも取り揃えるようになっている。

「以前みたいに、どうでもいい記事、釣り記事も含めて、いっぱい本数を出して、ＰＶを上げていくやり方は、もうみんなやっていませんね」

ただし、忘れてはならないのは、メディアのビジネスモデルが変わったにしても、それはあくまで、トラフィック（訪問ユーザー数）を集めるメディアパワーがベースになっている点だ。メディアの価値は、人が集まることにある。その点は変わらない。人が集まるからこそ、新しい広告メニューが開発できるし、ＥＣ事業にも裾野《すその》を広げられる。

Business Insider Japan にしても、ギズモードにしても、メディアジーンの各メディアは、あなたも読んだことがあるものが多いはずだ。知名度があり、集まる人も多い。だから、収益メニューを広げられる。メディアの本質は変わっていない。

「DX」に会社を挙げて取り組んだ講談社

メディアジーンに続いて紹介したいのが、講談社だ。デジタルメディア界の雄として取り上げたメディアジーンに続いて、紙の出版社をなぜ取り上げるのかと思う人も多いだろう。

ここで、電通発表の「2019年 日本の広告費」のデータを見てもらいたい。この統計は毎年、メディア別に広告費を発表している。2019年の数値では、インターネット広告費がテレビメディア広告費をついに抜いたことが話題になった。

そのインターネット広告費の中に、2018年から「マスコミ四媒体由来のデジタル広告費」という項目ができた。テレビ、ラジオ、新聞、雑誌の「マスコミ四媒体」が、デジタル上で生み出した広告売上を集計したものだ。今や新聞や雑誌は、ネット版もあるのが当たり前、ラジオはradiko、テレビはTVerを中心に、デジタルでも広告費を獲得している。

このマスコミ四媒体由来のデジタル広告費を、メディア別で見ると以下のようになる。新聞デジタル146億円、雑誌デジタル405億円、ラジオデジタル10億円、テレビメディアデジタル154億円。すぐにわかる通り、雑誌の数字が一番大きい。ちなみに通常

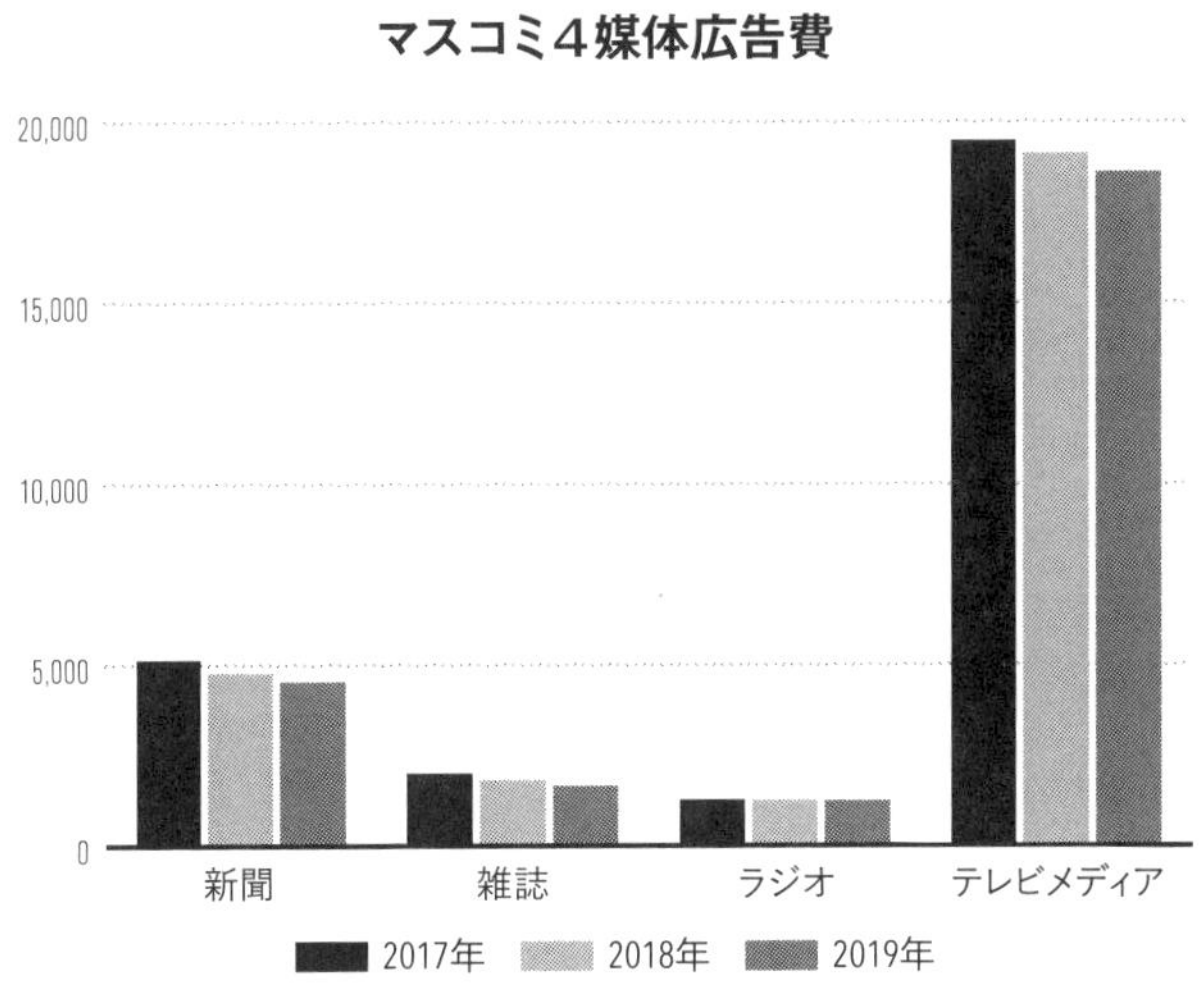

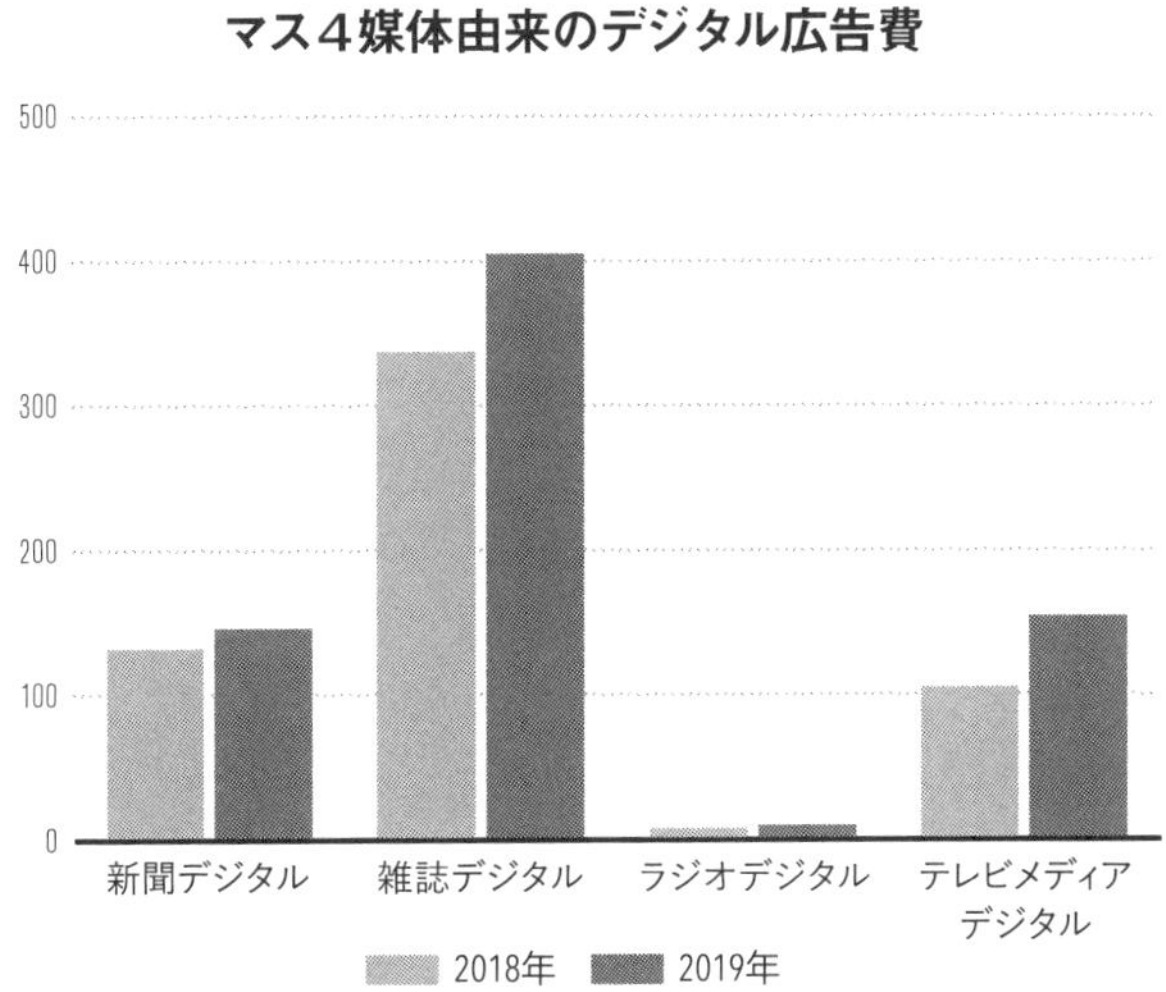

電通「2019 日本の広告費」を基に作成

の雑誌広告、つまり紙の雑誌の広告費は、1675億円まで落ち込んでいる。ということは、紙との比率が4：1になるほどにまで、デジタルが稼いでいることになる。

テレビメディア広告費は1兆8612億円なので、デジタル154億円は1％にも満たない。それに比べると、もともとの媒体としての落ち込みは激しいものの、広告収入のうちのデジタルの比率は、雑誌のほうがずっと高い。

デジタルトランスフォーメーションという言葉がある。DXと略され、概念の説明が難しいが、簡単に言うと、徹底的に企業のデジタル化を進め、デジタルの顧客データをもとに組織全体を作り変えて、デジタルの収入を高めていくこと、だと私は解釈している。

雑誌は旧マスメディアの中でも、DXが進んでいるのだ。数ある雑誌社の中で、最もDXが進んでいるのが、講談社だと私は捉えている。メディアジーンに続いて紹介する意味がそこにある。

講談社ライツ・メディアビジネス局局次長の長崎亘宏《ながさきのぶひろ》氏とは、様々なセミナーやシンポジウムなどでご一緒してきて、長い付き合いになっている。この機会に、講談社のDXについてじっくりお話を聞いた。講談社ほど、出版社の中でDXを明確に打ち出した会社もないだろう。

「社長の野間《のま》（省伸《よしのぶ》）が2015年に、〝出版の再発明〟と言い出しました」

社内で言わば「DX宣言」をしたのだ。

「組織を大きく変え、33部門を14部門に凝縮しました。社員全体の8割近くに辞令が出たのです。コンテンツに付帯する事業部制を導入し、それぞれを強くする考え方です。IP（知的財産）を起点に据え、多面展開する戦略を打ち出しました。コンテンツのデジタルトランスフォーメーション。それとグローバル展開です」

その時、野間社長が参考として示したのは、あのアメリカ企業だった。

「ベンチマークはウォルト・ディズニーだったんですよ。IP起点で勝負する」

これを聞くと、自分の会社にも参考にしようと読んでいた人は、「うちにはミッキーマウスはいないよ」と言うかもしれない。だが、どのメディアにも必ず参考になる話だと、読み進めればわかると思う。

講談社は、2019年度の決算を2020年2月20日に発表した。その概要を示そう。そこからDXの全体像がまずわかる。

売上高は1358億円（前年比112・7％）。その内訳は、製品：643億円（同96・1％）、広告収入：59億円（同118・4％）、事業収入：613億円（同138・5％）、その他：10億円（同１００・５％）、不動産収入：31億円（同１００・３％）だ。これにより純利益は72億円で、前年比２５２・９％と大きく利益を伸ばしている。

２０１５年に取りかかったＤＸが、力強く実を結んだのだ。この決算発表は報道されたものの、あまり深く掘り下げた解説もなく、メディア企業にとって大いに参考になる内容なのにと残念に思ったものだ。

ＤＸが実を結んだ何よりの証《あかし》が、事業収入だ。分類名がイベントなどをイメージさせてしまうが、この中身は国内外のライツ収入に加えて、それを上回る電子書籍などのデジタル販売収入だ。講談社の事業収入が急増したのは、電子書籍への取り組みも早かったうえに、漫画村の閉鎖で漫画のデジタル販売収入が一気に入るようになったせいだと思われる。ここにも、インターネット浄化の良い影響が見られる。

広告収入59億円は、紙とデジタル両方が含まれる。講談社全体の中で大きな割合ではないが、ここにこそ本書の主題が潜んでいる。ここにいたる道のりをさらに解説しよう。

講談社の広告収入は、２０１０年度は92億円あった。これが２０１７年度には46億円にまで半減してしまう。雑誌販売が厳しくなり、統廃合や休刊が続いた結果だ。もちろん紙メディアの広告市場全体の収縮もあった。

講談社の広告収入の推移

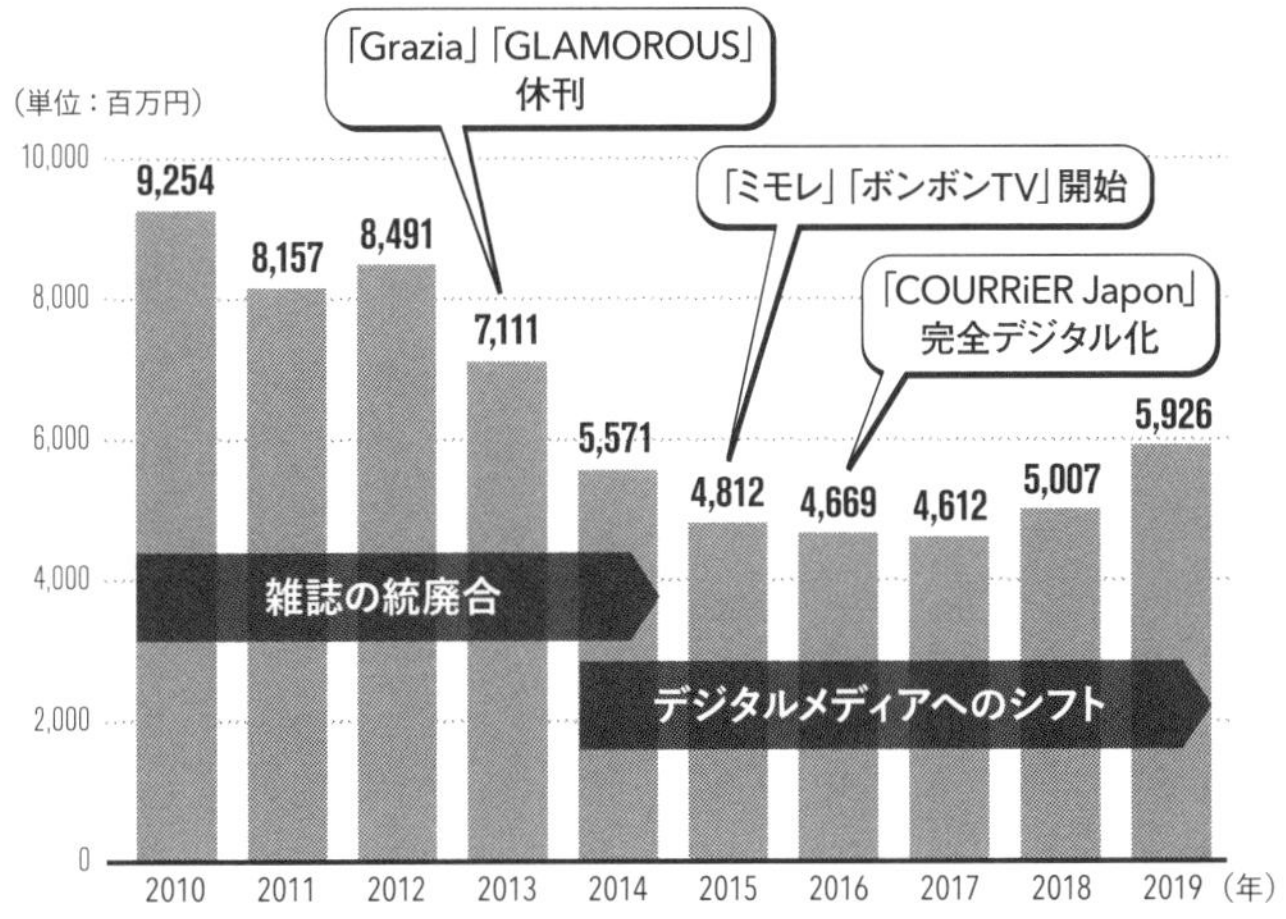

講談社「2010年～2019年度決算報告」を基に作成

そんな流れの中に、２０１５年の野間社長のＤＸ宣言があった。紙の雑誌のデジタル化を推進する一方で、「ミモレ」「ボンボンＴＶ」など、ネットだけのメディアも立ち上げたり、『クーリエ・ジャポン』の紙版をやめて、完全デジタルメディア化をしたりもした。

そんな苦闘の末、２０１８年度は50億円、そして２０１９年度は59億円まで持ち直した。今まさにＶ字回復を遂げようとしているのだ。

ここで注目したいのは、ＤＸ宣言をしたのは２０１５年だが、売上が上がり始めたのは２０１８年である点だ。２０１７年までは、３年間ひたすら我慢の日々だっただろう。デジタル化を始めてその年に、すぐ成果が出るはずがない。企業のDXでは、トップがその成功を信じて現場を叱責したり、変に口を挟んだりしないことが大事だと思う。

２０１９年度の59億円のうち、デジタルの比率は50％を達成した。もしDX化に手をつけなかったら、ただただ下り坂をたどっていただろう。92億円が59億円の半分、29億円に落ち込んでいたら、もう立ち直れなかったかもしれない。２０１５年の改革着手は、絶妙なタイミングだった。

「見せる」広告から「追いかけてもらえる」広告へ

では、どうやってデジタル広告で売上を立てるようになったのか。基本的な考え方を長崎氏はこう説明する。

「そもそも読者にこそ価値がある。いい読者を抱えていることをビジネスチャンスにするために、転換しました。そのために、ユーザーの価値を可視化したり、囲い込んだりすることに取り組んでいます」

メディアジーンの今田氏が言っていたことに、非常に近いのがわかると思う。メディアの価値は読者にある。デジタルでは、そこをどう価値化するかだ。もう少し具体的に、長崎氏はこう説明する。

「濃い強い媒体を育てる戦略です。『ボンボンTV』は、日本一の若年層向け動画チャンネル。『ゲキサカ』も日本一のサッカーメディア。それぞれはあまり関係、連環させず、バーティカル（特定の分野に特化した垂直型）に価値づけしています。セグメントされたジャンルで、ニッチで一番を取る戦略ですね」

「こういうメディアならここです！」。そう言えるセグメントされた価値を持つことで、セグメントされた読者が集まるのだ。

そして、必ずしも「広告枠」を売るのではない。

「マニアックで、好きモノのコンテンツは、その先にイベントだったり、いろんな囲い込みだったりができる。従来の出版社の広告部署は、2015年に捨てています。メディアビジネス全体で考えるようになってきました」

ここでいう「従来の広告部署」は、メディアの広告枠を売るだけの部署、という意味だ。広告枠だけでなく、イベントへの協賛、さらにはネットでの読者との接触も含めて、どう広告企画にするかを売るのだ。

その読者を「ピラミッド構造」で見ている。たとえば、女性向けファッション誌の『ViVi』には、紙の読者が10万人いる。一方、公式サイト「NET ViVi」は、月間200万人のユニークユーザーがいて、Instagram や Twitter、LINEなどのフォロワーは合わせて300万人いる。これをピラミッド状の図で示して、「500万人のファンベース」と表現するのだという。

実際に「ViVi ナイト」という有料イベントをやると、2000人がリアルで集まり、LINEライブやABEMAでリアルタイム配信すると、延べ10万から100万人に見られる。PRも打つので、ネット上でのハッシュタグ「#びびないと」のトータルリーチは、5000万くらいになる。この影響力をマネタイズする考え方なのだ。

「ボンボンTV」は、YouTuber をマネジメントするUUUMとの協業で始めた YouTube チャンネルで、YouTuber と講談社のエディターとのコラボの形を取っている。ここではインフォマーシャルの形で、番組の中で商品を紹介する。これも広告商品の一つだ。

講談社の様々なデジタルメディアは、ユニークユーザー数が1億を超え、合計すると毎月5億PV近くに達している。これを一つの大きな広告プラットフォームとして機能させるために開発したのが、OTAKAD（オタカド）だ。

「うちの各メディアに来る読者たちの閲読履歴を取っておいて、クローリングしたうえで、ＡＩで関心度の高いキーワードを抽出し、そのキーワードでいくつかのペルソナをつくります。われわれが考えるオタク性、溺愛《できあい》加減をパラメーター化して、ターゲティングする仕組みです」

嗜好性の高い様々なメディアに来る人びとを分析することで、いくつかの「オタク」ペルソナに分類できる。そのペルソナと企業が求めるターゲットを照らし合わせて、広告を配信するのだろう。

こうした様々な広告手法を、長崎氏は「追いかけてもらえる広告」と言っている。従来の広告枠は、読者にとってコンテンツを読む流れとは関係なく追いかけて、時に強引に「見せつける」ものだった。それを講談社では、コンテンツの文脈にうまく沿った広告を開発することで、「追いかけてもらう」形を作っているのだ。

さらに講談社では、広告企画の前後にも手を広げている。

「我々に限らず、広告への様々な集客活動も、いろいろなメディアがやっています。効果測定も自前でやるところが多い。広告代理店の領域を奪っているかもしれません」

広告代理店との役割分担も変化し始めたのだ。「大手代理店経由が、つい5年前まではわれわれの収入の過半数を占めていましたが、今は分散化しています」と言う。広告業界のエコシステムが変わりつつあるようだ。

こうした様々な取り組みによって、ＤＸを着地させ、デジタルが広告収入の半分を占めるにいたった。その推進力は、結局どう整理できるのか。

「一つはプラットフォームの使い方がうまくなったからだと思います。メディア目線で見た時の運用型広告の制御が上手になった。運用型の売上が増えています」

長崎氏が例に挙げたのは、YouTubeをはじめとした動画広告と、Outbrainをはじめとしたネイティブ広告のプラットフォームだ。Outbrainは海外から来た、レコメンドエンジンの大手の一つだ。運用型広告の「制御」という表現が重要だろう。自ら運用型広告のプラットフォームの使い方や特性を知って、メディア価値の向上に活用する、ということだろう。そこが売上増のけん引役となった。

「もう一つがコンテンツ制作型で、結局は運用型と両輪ですね」

ここで言うコンテンツ制作型とは、ネイティブ広告で説明した「スポンサードコンテンツ」のことと捉えていい。比率で言うと、運用型が50％、コンテンツ制作型が約40％だという。

「自前でやるという意味では、コンテンツ制作型のセールスも強化したいのですが、広告在庫を効率よく換金するには、運用が中心になるのが現実です」

という言葉には少し悔しさがにじむ。運用型だと、どうしてもプラットフォームに頼る感覚になるのだ。ＯＴＡＫＡＤの開発の裏側にも、運用型にせよ、自らのデータインフラを軸にしたい、という意図がある。

長崎氏の話には、端々に大手プラットフォームへの警戒意識が感じられる。

「出版社に限らず各メディアに対してGoogleが、無料で提供しているものがありますよね。アドサーバー、Googleアナリティクス。これが何を生み出すかと言うと、結局は彼らのデータに支配されているんですよね。ユーザーもメディアも」

ネット広告の世界では、広告主とメディアの間に、様々な役割の代理店やアドテク企業が数え切れないほど介在し、これを平面化した一覧図が、先述したようにカオスマップと呼ばれる。

「カオスマップを垂直統合したのが、Googleなんですよね」と長崎氏は危機感を表現する。

広告の上流から下流まで、なんでもGoogleに頼りきっている。

「この10年で、Google依存が高まっているんじゃないかというのが僕の見解です」

ＧＡＦＡによる寡占化の問題が言われて久しいが、こと広告でいうと、Googleに全て押さえられかけていることは、ＤＸの次の課題として浮上しそうだ。講談社も独自のＩＤ構想があるものの、まだサービス開始にいたっていない。

「アフターデジタル。デジタルトランスフォーメーションしたあとに、どうするのか。これからはこれが弊社のテーマになりそうです」

メディアジーンと講談社の話を並べたが、事例としてはかなり違う。デジタルメディアの立ち上げに、20年前から取り組んできたメディアジーン。講談社は、老舗の大手出版社が短期間でデジタル化したストーリーだ。そもそも企業の沿革が違う。

だが、非常に似た話が出てきたことも感じてもらえたことと思う。

アドネットワークや巨大プラットフォームに翻弄されたくないという危機感。だからこそ、独自の広告企画や仕組みを開発してきた苦闘。そのためには、データ分析も欠かせない。

そして、コンテンツそのものに価値の根源を見出し、だからこそ読者層の把握に重きを置いている点も似ている。メディアの、そして広告の存在価値は、コンテンツと読者にある。

ここでもやはり、携わる人の志が結局は重要になる。ネット広告の課題解決は、同じところに向かっているように思われる。

CHAPTER 5

テレビCMにも起きている変化の波

——視聴率から視聴質への転換

「スポット」と「タイム」という二つのCM枠

ここで少し脇道にそれて、テレビCMの話を書いておきたい。直接は関係ないとは言え、ネット広告を語る際に広告市場を俯瞰しておくと全体を把握しやすいし、今や広告業界の二大市場がテレビとネットだからだ。

ネット広告費がテレビ広告費を抜いた今、当面はこの二つの市場が相関しながら、広告市場全体をリードするはず。テレビはネット広告の今後を、間接的に左右すると私は見ている。そして面白いことに、ネット広告の変化に似た方向で、こちらも変化の真っ只中にあるのだ。

テレビ局への批判として、「視聴率至上主義」という言葉がある。視聴率さえ高ければ、番組の質が悪くてもいいのか。そんな批判だ。だが、ちょっと奇妙な批判でもある。営利企業である限り、売上や利益につながる視聴率を一番の指標とするのは、仕方ないだろうと思う。自動車会社に、「車の販売台数を増やすな」と批判するようなものだ。

では、視聴率は売上にどのように結びつくのだろう。

民放地上波テレビ局は、基本的には広告収入が利益の源泉だ。新聞や雑誌メディアは有料のメディアで、購読収入もある。紙媒体は、購読収入と広告収入で半々くらいだとよく言われる。

これに対し、ラジオとテレビの電波媒体は広告収入しかない。国によって事情は違うが、日本では基本的にテレビは無料媒体だ。購読料に当たる収入は発生しないのだ。

テレビ局のCM枠には2種類ある。スポット枠とタイム枠だ。タイム枠は番組に直接紐づくCM枠で、番組中に放送される。「提供は○○○○」と企業名を読み上げられ、「こちらのスポンサー様のおかげで番組を放送しております」との意味になる。

テレビ創成期のCMは、タイム枠を「一社買い切り」で買ってもらう番組が多かった。ロッテ「歌のアルバム」、東芝「日曜劇場」、花王「名人劇場」などなど。高度経済成長の中、テレビメディアの成長とともに企業が成長していく、その象徴が一社提供番組だった。

ロッテはガムを中心に、「お口の恋人」をスローガンにしていたので、「歌のアルバム」を通して企業イメージを形成した。一社提供では、企業と番組に深いつながりがある。今も日立「世界ふしぎ発見!」や資生堂「おしゃれイズム」などの番組には、それを感じる。先述のキッコーマン「くいしん坊!万才」も、その一例だった。

ただ、最近は一社提供番組がかなり少なくなった。金額的に負担が大きいし、いくつかの番組に提供を振り分けたほうが、企業にとって効率的との判断もあるだろう。

そのため、複数社提供番組が今の主流だが、タイム枠は簡単に変更しにくい面がある。人気番組のタイム枠が取れたら、そうそう手放したくはないだろう。どこかが提供を降りないと、タイム枠は買えない。固定的なので、企業からすると広告戦略が立てやすい一方で、流動性が低く、融通が利かないとも言える。

タイム枠の価格は、視聴率と比例するといえばするし、しないといえばしない。価格は寿司ネタの「時価」のようなもので、枠が空いた時の交渉次第ということになる。

当然、視聴率が低いより高いほうが価格も高くつけやすいので、そういう意味では視聴率と無関係ではない。だが、不動産の価格は「公示地価」がベースにありながらも、立地や日当たりなどにもよるように、また売り手と買い手それぞれの事情やそれまでの関係によるように、様々な要因で決まるのだ。

このようなタイム枠に対し、スポット枠は番組と番組の間に放送されるＣＭ枠だ。「間」なので、番組に直接紐づくわけではない。そのぶん、自由が利く買い方だ。そのため、スポット枠は短期的なキャンペーン展開でのＣＭ枠として使われる。

新商品が出ると、タイム枠にその商品のCMを流すのは当然だが、それとは別にスポット枠を購入して、より広い層にCMを届けて認知を促す。まったく知られていなかった商品名が、1カ月で瞬く間に日本中の人に知られるようになる。スポット枠は、そんな魔法のような効果を現実にしてくれるのだ。

そして、スポット枠のほうが、視聴率と売上がダイレクトにつながる。その取引が「GRP（Gross Rating Points）」を単位に受発注が行われるからだ。

たとえば、「今度の新商品のCMは、2000GRP展開したい」と企業が代理店に発注する。すると代理店は、各テレビ局にスポット枠を振り分けて発注する。四つの局に500GRPずつのCM枠を発注した場合、代理店は「スポットの線引き」を行う。各局のCM枠の視聴率を足しあげると、500GRPに達するように番組表に線を引いていくのだ。

私が入社した80年代の広告代理店では、スポット部の同僚たちが、紙の番組表に定規で線を引いていた。今はシステム化されたようだが、考え方としては同じことをやっている。

10%のスポット枠を50個押さえられれば、500%になるが、そう単純にはいかない。3%の枠もあれば、15%の枠もある中で、500%にするのは至難の業だ。スポットの線引きはある種、職人技のようなところがある。テレビ局にも線引き職人がいて、互いの技でやり取りしながら、代理店と放送局で交渉し、500%を埋めていく。それを4局でやれば、企業の発注した2000GRPになるわけだ。

また、スポットの線引きには「型」もある。とにかく何曜日のどの時間帯でも構わない場合は、「全日型」と呼ばれるが、勤め人がターゲットの商品は昼間CMを流しても意味がないので、平日の夜と土日の一日中という構成になる。これを1週間の番組表に当てはめると、月曜日から金曜日までは夜だけ、土日は終日線引きすることになり、アルファベットのLの左右を逆にした形になるので、「逆L型」と呼ぶ。

さてこの取引を知ると、視聴率とはテレビ局にとっての「商品在庫」であることに気づくだろう。視聴率が高い局は、先の500%のGRP受注をそれだけたくさんこなせるわけだ。何しろCM枠は、24時間に見合った時間しか売りようがない。商品在庫を多くするには、視聴率が高ければ高いほどいい。視聴率至上主義は当然な流れなのだ。

最近まで私も知らなかったのだが、CM取引をスポット枠とタイム枠に分けているのは、日本だけなのだそうだ。

アメリカでは「アップフロント」という年に一度の番組販売大会が、お祭りのように行われる。そこでは、「今年の目玉ドラマはこれです！」などと、テレビ局がアピールする。「よし、買おう！」となったら、そのドラマのCM枠を購入する。つまり、日本で言うタイム枠しか存在しないのだ。

日本のスポット枠取引は、70年代に大手代理店とテレビ局が編み出したシステムだ。次々に新商品が生まれ、大量のCM枠を受発注するのに、番組単位だけでは互いに手間ばかりかかることになる。個々の番組の視聴率を評価して云々《うんぬん》するより、数値を基準に大量に取引しやすくしたスポット枠取引の手法は、一つの発明だ。経済成長期にあっては、企業にとっても、代理店と放送局にとっても、三方一両〝得〟の手法だったのだと思う。

だが、このやり方は大きく捉えると、ネット広告で言うアドネットワークやDSPの取引に近いのではないだろうか。テレビCMでは、ブランド毀損のようなことはほとんど起こらないので、「近い」と言うのは乱暴かもしれない。だが、「個々の番組の評価を基にしない」点が似ている、と指摘しておきたい。

流通対策としてのスポットCM

スポットCMでもう一点、押さえておきたいポイントがある。流通対策の一面だ。

スーパーやコンビニなどの量販店に置く商品を作るメーカーにとって、営業上重要なのが、量販店のバイヤーにその商品を売る気になってもらうことだ。バイヤーが「この商品は売れそうだぞ」と判断したら、たくさん仕入れてくれて棚に多く並ぶ。

どんなにユニークなCMを流しても、その商品が消費者にとって「いつも行く」場所で売っていなければ、売れるものも売れない。バイヤーに乗り気になってもらうことは、何より重要なのだ。商品の成否を握ると言ってもいい。

そこでメーカーの営業マンが、商談で商品をプッシュする際に、CMの量が重要になる。「この商品には自信があります！　CMも3000GRPを予定してます！」と言うと、「ほほお、この商品には会社として力を入れてるんだな」と受けとめられ、「それならたくさん仕入れて、店頭でもお客さんにアピールしましょう」と量販店側でも力を入れてくれる。

逆にCMを打たない商品は、「会社として期待をあまりしてないんだな」と受けとめられてしまい、仕入れてもらえないかもしれない。

GRPはメーカーのやる気のバロメーターとして、流通対策の面で機能している。実際、メーカーと量販店の商談に使うセールスシートには、各商品のGRPを記入する欄があるのだ。それくらい商談の必要材料として浸透している。

90年代初頭のバブル崩壊後、それまでは足並みを揃えて成長してきたテレビ広告と新聞広告の明暗が分かれ、テレビ広告は成長を続けたのに対し、新聞広告は戻らなかった。

その理由の大きな一つが、90年代に量販店、つまりスーパーを核にしたショッピングセンターと、コンビニが急激に拡大したことにあると私は考えている。CMに対する流通対策上の必要性が増したのだ。逆に新聞は、流通との商談にはほとんど関わりがないため、広告メディアとしては沈んでいく一方になってしまった。もちろんこれは、新聞が徐々に高齢者しか読まないメディアになっていったことも大きい。

CM展開は、本来的には消費者に認知してもらうのが目標だが、流通対策の側面が同じくらい強い。私の経験では、CMは最低1500GRPは打たないと認知を高める効果は薄い。だが、世の中に流れるCMには、1000GRPに満たない出稿しかしないものがかなり多い。

認知が期待できなくてもCMを打つのは、流通対策上の必要だけでやっているからだ。どこかで量販店側の評価が、テレビCM出稿量からネット広告出稿量に変わったら、テレビ広告市場は劇的に小さくなるだろう。

タイムシフト視聴も加えた「P+C7」という新たな計測法

テレビ局にとっての販売力を示す視聴率は、2010年代後半、何段階かを経て変化しつつある。

個人視聴率の全国化とタイムシフト視聴率の導入だ。これを「P+C7」という奇妙な言い方で表現する。

まずタイムシフト視聴率についてだが、これは要するに録画再生のことだ。録画視聴は民放テレビ局にとって、悩みのタネだった。そこには二つの問題点があるのだ。

一つ目は、視聴率を計測するビデオリサーチ社の調査は、あくまでリアルタイムでの番組視聴であり、録画再生を測るようにできていなかった点だ。

家庭用録画機がどんどん進化し、大容量でも低価格のものが出て、さらには「全録機」、つまり地上波テレビの全チャンネルを2週間ぶん丸々録画できる機器まで登場し、テレビが好きな人ほど録画機を使いこなして見るようになった。ビデオリサーチ社の視聴率データで年々視聴率全体が下がっているのは、録画生活が浸透したせいではないか、と危惧する空気があった。

二つ目は、ＣＭ視聴率の問題だ。ただでさえ、テレビ視聴はＣＭの時間になるとガクンと下がる。当たり前のことだが、テレビ局としては、その事実をできるだけ表に出したくなかった。「ＣＭになるとそんなに落ちるなら、値下げしてよ」とスポンサー企業から言われやしないかとビクビクしていたのだ。

これが録画再生になると、ＣＭはスキップされる。録画機の機種によっては、「ＣＭスキップボタン」が付いているものまである。録画再生を調査対象にすると、ＣＭがスキップされている実態が露わになり、視聴率にカウントできない怖れがある。

こうした理由により、テレビ局は録画再生のデータを議論するのは避けてきたのだが、何しろ視聴率は確実に下がっている。録画再生も調査してＣＭ取引の数字に加えないと、ゆくゆく困りそうだ。

大手代理店による提案と説得もあり、テレビ局は録画再生視聴についても、調査対象に加える方向で動き出した。そこには正直、録画再生でＣＭ視聴時間が加わるぶん、料金を値上げできないだろうか、という目論見《もくろみ》もあったようだ。

２０１６年10月、ビデオリサーチ社は、関東圏でタイムシフト視聴率の調査を始めた。その動きと並行して、スポンサー企業とテレビ局の交渉が、大手広告代理店を仲介役に進んでいた。その際、テレビ局側は値上げの話を持ち出した。

この頃、たまたまある大手企業の宣伝部で講演をしたのだが、別れ際にその交渉の話を少し教えてもらえた。簡単に言うと、スポンサー側は「値上げなんかできない！」と強く反発したそうだ。その宣伝部の方は苦笑しながら、「図々しいんですよ」という感じで話してくれた。テレビ局側の言い分もわかる私としては、複雑な気持ちになったのを覚えている。

それが夏頃だったと思うが、冬になる頃には妥結《だけつ》したと聞いた。なんでも、録画再生率もカウントしてリアルタイムの視聴率に加えるのだが、一定の指数をかけてこれまでの価格に合わせるのだそうだ。その指数は、局によって違うとも聞いた。妥当な指数をどんな理屈で算出するのかは、私にはわからないが、スポンサー企業側からすると、「とにかく値段が上がらなければそれでよし！」ということだろう。

この時、「P＋C7」という算出方法が示された。まずPとは、番組（Program）のことで、「リアルタイム視聴率は、番組の視聴率をカウントしますよ」という意味だ。それにタイムシフト視聴率を加えるのだが、そこではC、つまりCMの視聴率を放送後7日まで加算する。だから「P＋C7」というわけだ。録画再生ではCMスキップが多いので、「番組の視聴率だとCM視聴と乖離《かいり》するだろ」という中で、一つの妥結点なのだろう。

これが、スポット取引の指標として使われることになる。先述のGRPは、これまで番組の世帯視聴率を使って算出していたが、今後は「P＋C7」を算出に使うのだ。

ちなみにビデオリサーチ社は、「総合視聴率」も発表している。これは、リアルタイムとタイムシフトの番組の視聴率を7日後まで足したもので、「P＋C7」とは少し違う。あえて表現すると「P＋P7」ということになる。ややこしくて頭がおかしくなりそうだ。

ちなみにアメリカでは、「C3」という指標が取引に使われている。リアルタイムでもタイムシフトでも、CMの視聴率に絞っているわけだ。そのほうがわかりやすいし、スポンサーも納得しやすいのではないか。

実はアメリカでも、侃々諤々《かんかんがくがく》の議論が巻き起こり、タイムシフト視聴率を加えたいテレビ局側と、CMを見た数値だけにお金を払いたいスポンサー側で激論したそうだ。そこでたまたま試算したら、これまでのリアルタイムのPの数値と、Cだけを3日後のタイムシフト視聴まで足し上げた数値が同じになった。それなら価格を変えなくて済む、ということで、きれいに「C3」に移行できたのだ。激しく言い合いして合理的な着地点にたどり着くのは、アメリカらしい。

こうしてタイムシフト視聴率の計測が日本でも始まって、放送後9日ほどでテレビ局にも数字がわかるようになった。本来はテレビ局の外には出してはいけないデータなのだが、私もこっそり見ることができた。すると驚いたことに、「＊」が並んでいた。

これは視聴率が0・1％以下で、表示できない時に使われる記号だ。つまりタイムシフト視聴率の欄にこれが出てくる番組は、ほとんど録画再生されていない、ということだ。ニュース情報番組がほとんど「＊」なのは当然としても、多くのバラエティ番組でも「＊」が並んでいて驚いた。

ドラマと一部のバラエティだけが、まともな数字が付いている。ドラマでは、リアルタイムの視聴率と同じくらい、タイムシフトで見られている例も多い。あとは、ほんの一部のバラエティ。自分でも思い当たる。ドラマはどんどん録画するが、ニュースやワイドショーは余程のことがない限り録画しない。テレビの本質が表れている気がした。

テレビはやはり、同時性が強いメディアなのだ。今日は目を輝かせて見た番組が、明日には古ぼけて見える。となると、テレビ局がタイムシフト視聴に値上げを期待しても、あまり意味がなかったのかもしれない。

この「P＋C7」が実際に取引に使われるようになったのは、在京キー局で2018年からだった。これまでの視聴率にタイムシフト視聴でのCM視聴率が加わったのだが、もう一つ重要な変化がある。

指標が、世帯視聴率から個人視聴率に変わったのだ。話が複雑になるので後回しにしていたのだが、実はタイムシフトより世帯から個人への移行のほうが、大きな変化かもしれない。同じ「率」でも、その先に「質」への転換が見えてくる、テレビのパラダイムシフトがそこにはあるのだ。

「世帯から個人へ」という視聴率の大転換

個人視聴率の測定は、実は90年代から関東圏では行われていた。関西地区、中京地区も含めた大都市圏では、すでに動いていた指標なのだ。ただし、全体の指標は世帯視聴率で、性年齢別のデータを見る時に個人視聴率が使われていた。

ある番組の視聴率が15％だった、という時の視聴率は、世帯視聴率。そして、F1の視聴率は6％だった、という時の視聴率は、個人視聴率を見る。性年齢別で視聴率を見る時に、世帯視聴率は意味がないのだ。

世帯視聴率は、該当エリアに100軒の世帯があった時に、15世帯でその番組が見られていた場合、15％と算出される。Ｆ１（20～34才女性）の個人視聴率は、その１００軒に該当年齢の女性が50人住んでいて、そのうち３人が見ていたら６％となる。

このようにこれまでは、全体は世帯視聴率が、性年齢別では個人視聴率が使われていた。今思えばちぐはぐに思えるが、これはこれで全体の傾向と特定層の傾向とをそれぞれ把握できていたのだ。

そしてまた、世帯視聴率は比較的表に出るのに対し、Ｆ１やＭ３（50才以上男性）など、性年齢別の個人視聴率の数字は、ほとんど表に出なかった。

だが一方で、一部のスポンサー企業は、性年齢別の数字を代理店に求めてきて把握していた。化粧品メーカーはＦ１の数字を見たいだろうし、金融商品を扱う企業はＭ３の数字を気にしそうだ。スポンサー企業と代理店、テレビ局の力関係が様々に違う中、一部のスポンサー企業は、定期的に特定の性年齢別の個人視聴率を入手していたのだ。

全体は世帯、性年齢別は個人、だったのが、「Ｐ＋Ｃ７」導入とともに、全体も個人視聴率を見ることになった。これは大転換だ。全体の個人視聴率が、これまでの世帯視聴率に代わって大きな基準になる。

１００軒の家のモデルで考えると、15世帯である番組が見られていれば、視聴率は15％

だった。個人視聴率では１００軒の世帯ではなく、そこに住む人口がベースになる。仮に２４０人住んでいたとしよう。さっきの世帯で15％の番組を、２４０人の中で何人が見ていたかを調べて20人だった場合、個人視聴率は８・３％になる。今までは15％のほうを基準に見ていたのを、これからは８・３％のほうを基準にすることになった。

これは全体の個人視聴率という意味で、「個人全体」と呼ばれる。これはそれまでの「Ｆ１個人」など、性年齢別の個人視聴率と区別する意味での呼び方だろう。

２０２０年３月30日から、日本の全地区で個人視聴率の計測がスタートし、「Ｐ＋Ｃ７」体制が整った。個人視聴率の測定には、ＰＭ（People Meter）という名の特殊な機械を対象家庭に設置してもらう必要がある。日本全国に設置して測定するのはかなり大変な調査だが、ビデオリサーチ社はそれを整備してのけた。

これにより、日本全体の個人視聴率がわかるようになる。すると、そのエリアの人口（視聴率の対象となる４才以上）を掛けると、「視聴人数」が算出できるようになるのだ。

これまではたとえば、サッカーの大きな試合で視聴率が42％だったと聞くと、頭の中で日本の人口約１億２０００万人から計算して、だいたい５０００万人が見たのか、と考えがちだった。だが、本当は世帯視聴率を人口で掛けてはいけない。それが、個人視聴率なら人口に掛けてよくなるのだ。

個人全体視聴率は、世帯視聴率の6割程度の数値になる。そのまま当てはめると、世帯視聴率42％のサッカー中継は、25・2％となる。総務省統計局の人口推計（2019年10月1日）によると、日本の人口は1億2616万7000人。そのうち0才〜3才の人口3798000人を引くと、1億2236万9000人、これが視聴率調査の対象となる4才以上の人口だ。これに25・2％を掛けると出てくる3083万7000人、これがこの中継を見た人の数ということだ。さっきの世帯視聴率に人口を掛けた数字と、2000万人も差がある。

42％というのは、ここで試算するための架空の数字だが、ワールドカップの出場を決める試合だと、よくこれくらいの数字がスポーツ紙に躍る。これを見て、そのまま人口に掛け算してはいけない、ということを知っておいてほしい。

さらに、この個人全体視聴率から算出した「見た人の数」は、「平均視聴人数」とビデオリサーチ社は定義している。個人全体視聴率として発表される数字は、平均値だ。

9時から始まる番組の視聴率は、9時5分には18％だったり、9時15分には22％に上がったり、9時45分には19％に下がったりする。ビデオリサーチ社は、これを分刻みで調査している。1時間の番組の場合、その1時間の分刻み視聴率の平均値が、「個人全体視聴率」として発表される。

これとは別に、ビデオリサーチ社は「到達人数」も算出している。1時間番組を、1分以上視聴した人の推計値のことだ。1分ずつ何回か見た人は、重複させずに1人とカウントしている。2019年のラグビーワールドカップは、テレビ放送としても大成功に終わったが、いずれかの試合を見た人の数が8731万人だったとビデオリサーチ社が発表していた。この数も到達人数でのカウントだった。

ビデオリサーチ社は、2020年3月30日から全国の個人全体視聴率を測定し、そのベスト10を発表するようになった。そして見た人の数も、平均視聴人数のランキングを到達人数とともにウェブサイトに掲載している。

これまでの世帯視聴率もなくなったわけではないので、テレビの指標が世帯視聴率、個人全体視聴率、平均視聴人数と、大きく分けて三つ出てくるようになった。そしてここで重要なのは、スポット取引に使われる「P＋C7」は、個人全体視聴率を基準にすることになった点だ。テレビ局の売上を左右するスポットの算出基準が変わったのだ。これは、国際取引をドル建てからユーロ建てにするくらいの大きな変化のはずだ。

そうなると、テレビ局も世帯視聴率ではなく、個人全体視聴率を社内の評価にしそうなものだ。ところが、そこが簡単に変わらない不思議な状況となっている。外から見るとまったくもって理解しがたい現象が起こり、まだ続いている。

同じ視聴率から生まれるダイヤモンドと石炭

個人全体を基準にしようと、なかなかしないテレビ局。これを説明する前に、全然違う話になるのだが、日本テレビがなぜフジテレビを圧倒するようになったのかを書いておきたい。

ご存じの通り、80年代にフジテレビはテレビ界を制し、王者のポジションを得た。その後、90年代から2000年代にかけては、日本テレビと抜きつ抜かれつのデッドヒートを繰り広げた。

「三冠王」という言葉がある。視聴率の三つの区分、「全日（6：00－24：00）」「ゴールデン（19：00－22：00）」「プライム（19：00－23：00）」のすべてでトップを取ることで、1993年まではフジテレビだったのを、94年から2003年までは日本テレビが三冠王になり、04年から10年までは再びフジテレビが奪い返した。11年にはまた日本テレビが三冠王の座に就き、12年、13年にテレビ朝日にプライムやゴールデンのトップを奪われたものの、14年以降は三冠王の座に君臨し続けている。

94年から03年まで日本テレビが三冠王だったなら、売上もさぞ良かったのだろう、と思うかもしれない。だが、その期間も売上では、フジテレビのほうが上だった。なぜなのか。

ある放送関係者が、これを説明するキーワードを教えてくれた。「90年代のフジテレビはダイヤモンドを作っていたが、日本テレビは石炭を作っていた」という。ダイヤモンドと石炭。どちらも炭素でできているのに、同じ重さの金額がまったく違う。一握りのダイヤモンドは何億円もするのに、同じ量の石炭は二束三文にしかならない。

つまり、同じ視聴率20％でも、フジテレビの視聴率は高く売れ、日本テレビの視聴率は安く買われたのだ。視聴者層が違うからだ。フジテレビは女性を中心に若い層が見るのに対し、当時の日本テレビの番組は年配層が多かった。

97年からPM導入による個人視聴率調査が始まると、その傾向がはっきり数字にも表れるようになった。03年まで三冠王だったのに、売上ではフジにかなわない日テレ。そこで大改革が起こり、日テレはファミリー層重視の番組編成にシフトした。石炭づくりからの脱却だ。

それが功を奏《そう》し、11年の三冠王の再奪取にいたったのだ。２０００年代半ばからの改革の結実だった。90年代とは、三冠王の中身が違う。キラキラ光るダイヤモンドをコンスタントに生み出せる体質改善に成功した。

一方のフジは、そんな分析をやらずに、勢いで80年代に成功した。だから、徐々に視聴率を下げ、売上も下がっていく理由を解明などせず、過去の成功体験を持つ上司たちが、「頑張れ」と言い続ける。何ら戦略を持てないまま、ズルズルと負け戦を続けた。

実は三冠王の座を奪われた11年以降も、相変わらずフジの番組は女性を中心に若い層が好んでいたのだが、少子高齢化で若者では世帯視聴率が取れなくなっていた。あがくあまりに２０１０年代半ば以降は、むしろ中高年向けの番組を増やしてしまった。「月９」が典型で、ティーン女子の恋愛への憧れの受け皿として立派に機能していたのに、警察ものや医療ものにシフトして、世帯視聴率は取れても、それまでのフジの強みは失いかけている。

視聴率の捉え方と戦略を企業として持つにいたった日テレと、80年代の成功体験から抜け出せずに戦略性をまったく持てないままのフジテレビ。実はタイムとスポットを合わせた放送収入では、フジは13年度までトップを保っていたのだが、14年度には日テレにその座を奪われて、２０１０年代後半は転がり落ちる一方になってしまう。

その差は、量の成功体験から離れられないフジと、質の重要性に気づいて量も取れるようになった日テレ、という企業の考え方や体質の違いだと私は考えている。

世帯から個人にシフトした局、しない局

日テレが王座を安泰にした中で、視聴率が世帯視聴率から個人視聴率にシフトした。「P＋C7」を基準にしたスポット取引が、2018年から関東圏でスタートした。当然、在京キー局はドル建てからユーロ建てに、つまり社内でも個人全体視聴率を評価基準に切り替えるだろうと私は考えていた。

テレビ局は、黄色い紙に赤く書いた視聴率を壁に貼り出している。あそこに書かれる数字も、世帯ではなく個人全体に変わるのだろう。だが、2018年になっても、相変わらず世帯視聴率が貼り出されていた。

私はいつまで経っても世帯を基準にしている様子を知って、頭の中が「?」マークでいっぱいになった。為替レートがドル建てからユーロ建てに変わった業界で、社内ではドル建ての金額を見て、いいの悪いのと言っていたとしたら、大馬鹿だろう。経営トップが大慌てで、「ドル建ての数字をすべてやめろ！」と号令を飛ばすはずだ。だが、放送業界は相変

わらずドル建てでやっている。これまで通り、世帯視聴率に一喜一憂しているなんて、どういう了見かと呆れて見ていた。

だが案の定、日テレは密かに社内で、個人全体の数字を重視する流れになっていた。対外的には世帯視聴率を発表しつつも、社内では個人全体で評価し、編成も各番組に個人全体の数字を高める策を求めるようになっていた。

２０１９年１月には、日テレから代理店やスポンサー企業にアナウンスされた。関係者に留めた範囲で配るパンフレットに、「日テレの社内指標が世帯視聴率→個人視聴率に移行します」とはっきり書かれたのだ。社内で密かに言っていたことを、関係各社とも共有を始めた。

同じ時期に、ＴＢＳも社内で議論を進めていた。こちらは「ファミリーコア」という指標を打ち出す。「13才から59才までの家族」をターゲットにするというのだ。この年齢層を出せるのも、個人視聴率が背景にある。ちなみに日テレは、前々から「13才から49才まで」をターゲットにしていた。49才と59才の違いに、ＴＢＳなりの理念があるのだろう。

フジテレビは実は、亀山《かめやま》千広《ちひろ》社長の時代に「アンダー49」をターゲット戦略に打ち出したことがあった。これが見事に現場から受け入れられず、頓挫《とんざ》している。だが、19年になってようやく同じ議論が再燃し、２０２０年4月から再び「13才から49才まで」を重視するとした。

テレビ東京も、ＴＢＳに近い「アンダー59」を掲げ始めた。

面白いのがテレビ朝日だ。ここは12年と13年に、部分的に視聴率の王座に立った。その後は「二番手」に位置し、今度こそ三冠王と頑張ってきた。そのため、２０１０年代に世帯視聴率獲得に全力を挙げた。

世帯視聴率は、高年齢層をターゲットにしたほうが取りやすい。子どもが独立した夫婦世帯、単独世帯が、世帯数の中で多くを占める高齢化社会になったからだ。しかし、全力を挙げてお年寄りの好む番組作りに邁進《まいしん》したために、若い層が見なくなってしまった。

高齢化社会になっても、ＣＭのニーズの中心は若者層にある。お年寄りにＣＭを見てもらっても、馴染んできたブランドを代えないし、そもそも広告予算をかける商品は、若い人に向けたものが多いのだ。

そのため、テレビ朝日のＣＭ枠を買いたがる企業は減っている。番組編成が変わるたびにタイム枠から企業が離れ、スポット発注の対象から外されることが増えている。

そして驚くべきことに、テレビ朝日はどうやら相変わらず、世帯視聴率を社内で重視しているようなのだ。少なくとも他局のように、新しい指針が聞こえてこない。個人視聴率の時代に入った2020年代、一人取り残される懸念がある。ヒット番組になぞらえて、「ポツンとテレビ朝日」と揶揄《やゆ》する声も聞いた。外から見ていて心配でならない。

テレビは「セグメントマス」のメディアになる

大きく脇道に逸れ、テレビの話を長々と書いてしまったが、ここで示した「世帯→個人」の流れは、「量から量へ」ではなく、実は「量から質へ」の変化だというのが強調したい点だ。「世帯→個人」は実態としては、「世帯→細かな個人」なのだ。

とある業界内セミナーで、ある大手企業の宣伝部長がこんな発言をした。

「私はテレビメディアを〝セグメントマス〟と考えています」

〝セグメントマス〟とは聞き慣れない言葉だし、矛盾する二つの言葉を合わせた造語だ。セグメントとは、つまり特定の層に絞り込むメディアということ。そしてマスとは、莫大な人数の意味。ということは、「セグメントマス＝莫大な人数の絞られた層」ということになる。不特定多数を意味するマスではない、ということだ。

たとえば、一口にビールと言っても、今はプレミアムビールから第三のビールまで様々なジャンルがあり、それぞれターゲットが違う。各ジャンルのビールを好む層がよく見るテレビ番組を調査すると、プレミアムビールを好む人はニュースが好きで、特にテレビ東京の経済ニュース番組「ワールドビジネスサテライト（WBS）」をよく見ていることがわかった。一方、低価格のいわゆる新ジャンルビールを好む人は、ニュースも見るが、むしろゴールデンタイムの「世界の果てまでイッテQ！」などのバラエティ番組を見ていた。

WBSは、世帯視聴率がさほど高い番組ではない。だが、こんな調査結果を知ると、プレミアムビールの宣伝担当者は、喉《のど》から手が出るほどWBSのCM枠が欲しくなるだろう。

これは年配男性層に訴求したい広告にとって、世帯視聴率はさほど関係ないことの典型例だ。むしろ、個人視聴率で見ると、M2（35～49才男性）・M3層が好む番組のほうが価値が高い、ということになる。一方で別の商品、若い女性向けの化粧品の担当者にとっては、WBSは魅力的なCM枠ではなくなるだろう。

スポンサー企業は、こうした議論の題材にできるデータを欲しがっている。今はネット広告でもっと細かいデータが出るようになってきたので、そうした要望がさらに高まってきた。ネットでわかるように、テレビも細かなデータが出せないのか、と。ビデオリサーチ社が個人視聴率を全地区にまで広げたのは、こうした新しい要望が背景にあった。
テレビ視聴データの分野では、新しい測定を武器にしたプレイヤーが続々登場している。

独自の視聴パネルを持ち、どんなプロフィールの人が、どれくらい番組を見たかを日々詳細に出せるスイッチ・メディア・ラボは、「第二の視聴率」を出す会社として、スポンサー企業に注目されている。購買データを売りにしてきたインテージは、複数のテレビメーカーの視聴ログを集めて整え、日本中のテレビの実際の視聴データを出している。

視聴者の視線を追うシステムを開発したTVISION INSIGHTS社は、まさに「視聴の質」を測定する会社だ。テレビ番組をすべてテキストデータ化し、提供されるエム・データ社のデータとこれらを組み合わせることで、テレビやCMのどの部分で視聴の質が高まったかを出せるようにもなっている。こうした新しい視聴データによって、テレビメディアの細かな分析が様々にできるようになりつつあるのだ。

2020年代のテレビ番組は、むやみに世帯視聴率を追求する傾向から離れそうだ。その番組をどんな人びとがどう見ているのか、そのほうが大事になってくる。さらに言えば、どんな人びとのために番組を企画するか、最初から考えることになるだろう。

ここにいたってようやく、なぜ私がテレビ広告の話を加えたのか、おわかりいただけたと思う。

ネット広告の世界は、ＰＶを基準にした量の世界、そしてそれをプログラミング任せに乱暴に配信していた段階から、変化している。それはテレビＣＭの取引が、スポット枠の取引を中心に、視聴率のみを指標にしていた時代から、どの番組にどんな視聴者がついているのか、そこに価値の軸が変わりつつあるのと相似形ではないだろうか。

広告はコンテンツに紐づく時代に、コンテンツの価値に沿った形で広告が捉えられる時代に、テレビもネットも進もうとしているのだ。この章を設けた意味はそこにある。

LAST CHAPTER

これからの広告の在り方はどうなるか？

新型コロナウイルスで加速する広告の進化

ネット広告は、なぜ嫌われているのか？　いや、なぜ嫌われていると言われがちなのか？その疑問から始めた旅が、ゴールに近づいてきた。いよいよ取材したことをまとめて旅を締めくくろうと、この本を書いている最中にコロナ禍が巻き起こった。

広告業界も手痛い影響を受けている。リーマンショックでも大打撃を受けたが、その比ではなさそうだ。テレビＣＭもネット広告も、同じ様に企業から予算を大幅に削られ、前年比大幅ダウンとなった。

そして「アフターコロナ」が社会全体でも、各業界でも想像され始めた。広告業界も例外ではないだろう。コロナを人類が克服しても、元通りになるわけではない。社会は新しい姿に変貌《へんぼう》する。広告業界も同様だ。

ただ、それはこれまでそうなると想像されていた未来が、前倒ししてやってくる、ということだと私は思う。

社会全体で見ると、「Society 5.0」の時代に、10年早くシフトすると考えられる。Society 5.0は日本が掲げる社会進化像で、欧米各国でも呼び方は違えど、似たようなモデルが提示されている。ＡＩとＩｏＴによって私たちの社会は便利になるが、慌ただしくなるのではなく、落ち着いた平穏な生活になるというものだ。

オンラインで情報が享受でき、診療のようなサービスも受けられる。買い物はネットで発注すればドローンが届けてくれ、交通機関は無人でゆっくり運行される。在宅ワークの経験が、今までの働き方のムダに気づかせたように、これまで実は無意味だった部分が、業務の中で消え失せる。

広告も「こうなるだろう」と思われていたことが、一足先に具現化するはずだ。それは要するに、この本を書くにあたっての旅から見えてきたことが、加速することだと私は考えている。

取材で見えたネット広告の問題解決も早まるだろう。そして広告は、あるべき姿へ変わるべくスピードを上げて走り出すのだと思う。それはテクノロジーに任せることではなく、理念を明確に持ち、そのためにテクノロジーを活用することだ。アドテクに振り回される時代は、２０１０年代で終わるだろう。

ここでいう理念とは、何も新しい話ではない。広告の本来の役割を明確化することにすぎない。シンプルに考えることが、これからの広告の「正解」になるし、全体としてそこに向かう。取材の旅の末、私はそう確信できた。

「コンテンツが主、広告枠が従」へ

これまでネット広告とは、ほぼバナー広告だった。アドテクといわれる類も、バナー広告をどう効率的に見せるかに照準が定まっていたように思う。そのため、ネット広告は実態としては「ネット販促」として機能していた。そこにこそ、ネット広告の問題点のほとんどが起因していたと私は考える。

ネット以前の時代から、販促分野は問題が起きがちだった。過度な景品をつけたり、扇情的な表現でブランドを毀損したり、問題になることはままあったのだ。

そこで景品表示法のようなルールを社会的に設けたり、企業側もブランドをコントロールすべくマニュアル化したりしていた。「売らんかな」の姿勢は、商売するうえでどうしても必要になるし、また「売らんかな」の姿勢だからこそ、問題を引き起こしていた。

だから今、販促としての機能ばかりが求められがちなネット広告で、様々な問題が生じるのは必然なのだろう。

だが、ネット販促の世界に留まっていては、ネット広告はいつまでも問題を解決できず、荒廃してしまいかねない。次のステップへネット広告は向かうべき時だ。

だからまず、ルールを定めようとアドバタイザー宣言を軸に、広告主と広告業界全体が動き出した。これを起点にルールを整備し、すべての広告関係者が、何が問題でどう解決すべきかをはっきり知る必要がある。マスメディアの時代でも、ルールを学んで仕事をしてきたのと同じように、ネット広告のルールを覚えないと仕事はできない。

どんな広告人も、ネット広告に否が応でも関わらないわけにはいかなくなるのだから、アドバタイザー宣言を読み込むことは、広告関係者なら最低限誰しもやらねばならないタスクだと思う。

だがもう一つ、ネット広告が販促から脱皮するという方向性もある。そのヒントは、すでに第4章で書いたことだ。

広告業とは、「広告枠」を取引することだった。だがネットでは、というよりスマートフォンでは、「広告枠」はメディア体験の障害でしかない。「広告枠」があってもいいが、それだけに頼ると小さな画面が醜く埋まってしまい、快適にコンテンツを楽しめない。

それでは、メディアにとっても、代理店にとっても、そしてもちろん広告主にとっても、広告が役割を果たせないのだ。「広告枠」に出稿することが仕事ではなく、伝えたいことを伝えるのが広告関係者の仕事のはずだ。
「広告枠」ではない、というのは、実は動画広告も同じだと私は考えている。今の動画広告は、バナー広告枠の代わりに動画広告枠を作り、無造作に置いているだけのものがほとんどだ。記事の間に強引に配置された動画広告を、どれくらい見るだろうか。私は極力見ないようにするか、なんとか動画広告枠を閉じようとする。記事を読むのに、バナー広告の何倍も邪魔だからだ。

動画広告は、「さあ動画を見よう」と思っている時に見せないと、不愉快なだけだ。動画を見る時とテキストの記事を読む時とでは、人びとの気持ちは違う。

だから、動画を見る前に動画広告を出して見せるのは視聴につながるが、テキスト記事を読む間に動画広告を見せるのは、下手をすると不愉快にさせかねない。これまでのバナー広告枠に動画広告をアドテクで配信する手法は、上向きだったかもしれないが、早晩行き詰まるだろう。

バナーにせよ、動画にせよ、「広告枠」の概念から脱却しないと、ビジネス的には行き詰まるし、販促効果しか持てないと私は思う。

4章で取り上げたメディアジーンや講談社が取り組んでいるのは、広告枠の置き方ではない。広告そのものの概念を、新たに作り上げようという試みだ。その基本は、4章に書いたネイティブ広告のスポンサードコンテンツのスタイルだ。スポンサードコンテンツをベースに、これをどう進化させ組み立てるかが問われる。

メディアジーンの一つの解は、メディアと企業とのコラボレーションだった。メディアの中に、スポンサー企業の発信ができるメディアを構築する。講談社は、雑誌『ViVi』をリアルイベントからネット版、SNSまで広げて捉え、それをスポンサーの要望に応える大きな受け皿にしようとしていた。

いずれにも共通項がある。「広告枠」を売るのではないのが一点だが、それだけではない。メディアの価値、コンテンツの魅力を軸にし、その読者をも含めたコミュニティを、広告媒体とすることだ。

もともと広告枠は、そのメディアの前に人が集まることに価値があった。だとすれば、「広告枠」ではなくても、あるメディアの前に、ある層の人びとが集まっていて、そこに企業が伝えたいことを伝える仕組みを構築することで、広告商品にできるのだ。

「広告枠」は、とにかく「枠」を広告主に渡し、この中をあなたの好きに埋めてもらえれば、うちのメディアで表示しますよ、というものだった。新しいネット広告とは、「枠」を渡すのではなく、私たちのメディアに載せるコンテンツを一緒に作りましょう、というものになるのだろう。

これは決して「ステマ」ではなく、企業とメディアによる共創なのだと思う。この共創に読者も加われば、力強いエンゲージメントをもたらし、広告効果も大きいだろう。広告は、企業とメディアが一緒に創る時代になるのだと思う。

ただ、ネット上のメディアにとって、「広告枠」がまったく不要になるわけではない。バナー枠やブランドパネルの類は今後も残しておき、これに関してアドネットワークを通じて「勝手に売れていく」のを、妨げる必要もない。

メディアの側にとっては、広告収入の7〜8割はコンテンツ型で得て、広告枠で2〜3割稼ぐ、というような配分になるだろう。

抜け落ちた「ミドルファネル」へのニーズ

この「企業とメディアによる共創広告」は、ファネル上も必要になる。ファネルについては前述したが、最近このファネルの真ん中が抜けてしまっていることに、問題意識を持つ人びとが出てきている。真ん中なので、「ミドルファネルが抜け落ちている」などと言われる。認知と購買に当たるマーケティングしかやっていないのではないか、ということだ。

ネット広告界の人たちの中には、バナーを見せれば人は物を買うのだ、と考えているらしき人たちがいて驚く。あるブランドを知って、実際にそこから買うにいたるまで、人は様々な過程を経るものだ。それを図にしたのが、ファネルだ（Ｐ１３３の図を参照）。

だが今、「ミドルファネルが抜け落ちている」。マーケティングでは、商品を認知させることと、購買へ誘導することしか行われていない例が多い。それでは人は購買にいたらないのだ。

マスメディア時代の役割分担では、テレビＣＭを３０００ＧＲＰ展開し、徹底的に認知を図るのと並行して、新聞・雑誌広告で、その商品のより詳しい説明を丹念に行っていた。新聞・雑誌が、興味・関心から比較・検討までのミドルファネルを受け持っていたのだ。

コピーライターの仕事も、ＣＭに使うキャッチコピーを考えるのと同時に、同じキャッチコピーを入り口に、新聞広告では細かなボディコピーまで丁寧に考えて完成させ、ＣＭと新聞広告を見れば、商品のことがおよそ理解できるコミュニケーションを組み立てることにあった。

さらに場合によっては、カタログまで作り込み、比較・検討から購入へ導くまで担当することも求められた。広告制作の流れそのものが、ファネルを形成するアイテム作りだったのだ。

ミドルファネルが抜け落ちているのは、新聞・雑誌広告がキャンペーンに組み込まれなくなったからだ。２００８年から翌年にかけてのリーマンショックによって、テレビ広告も新聞広告も大打撃を受けたが、新聞広告はその後いよいよ下がるだけだったのに対し、テレビ広告は２０１６年あたりまでは微増が続いた。

これは、新聞広告に使われていた予算が、全部テレビに向かったからではないかと私は睨《にら》んでいる。新聞・雑誌はすっかり人びとの日常生活から離れてしまい、広告キャンペーンの場ではなくなったのだ。

その結果、テレビとネットのみにキャンペーン予算が投下されるようになった。だが、ネット広告はここまで散々書いてきたように、販促的な使い方がほとんどだ。そのため、テレビＣＭ展開とネット広告だけになってしまうと、ファネルの「認知」と「購買」のための活動しか行っていないことになってしまう。これを称して、「ミドルファネルが抜け落ちた」と一部の人たちが言っている、というわけだ。

テレビでＣＭを見せる。ネットでバナーを見せる。それだけで売れるはずがない。多くの商品は、興味を持ってもらったり、詳しく知ってもらったりしないと、買ってもらえない。ミドルファネル抜きでＣＭとバナーを見せるだけでは、広告コミュニケーションは成立しないのだ。

だからといって、では新聞・雑誌広告を復活させましょう、とはならないだろう。紙媒体から人びとが離れてしまった現実は、いかんともしがたいのだ。

そこで新聞・雑誌広告の代わりに、スポンサードコンテンツおよび、その延長線上の新しい広告の仕組みが必要になる。そこで求められる役割は、認知ではなく、購買でもなく、「興味・関心」、そして「比較・検討」だ。

マスメディア由来のインターネット広告費が伸びていると、4章で書いた。特にその中でも、雑誌の伸びが著しい。雑誌のデジタル版の広告に今勢いがあるのは、ミドルファネルを埋める役割を果たそうとしているからではないだろうか。何のことはない、以前はミドルファネルを埋めていた雑誌が、デジタル化することで同じ役割を果たそうとしているのだ。

ただし、新聞が同様の広告の場になっていくのかはわからない。マスメディア由来のインターネット広告の中で、新聞はほとんど伸びていない。

それはともかく、2000年代前半までは、テレビ広告費は2兆円、新聞広告費は1兆円、雑誌広告費は4000億円程度だった。2019年のインターネット広告費は2兆1000億円あるが、運用型が8割を占めている。これはほぼ販促型、つまりファネルの最もボトムの「購買」に当たると考えていいのではないか。

予約型は2300億円に過ぎないが、一昔前の新聞・雑誌合わせて1兆5000億円規模までは、ミドルファネルに当たる広告のニーズはあってもおかしくない。そこに新しい形のネット広告の伸びしろがある。

「購買」はプラットフォーマーやアドネットワークに任せて、ミドルファネルに当たる役割の広告を開発していくべきなのではないか。そのヒントが、メディアジーン社や講談社が示したコンテンツ型広告にあるのだと思う。

また、企業の多くは今、SNSアカウントを持っている。その役割は様々だろうが、広告コミュニケーションにおいては、ミドルファネル形成にも役立つはずだ。コンテンツ型広告を送り出した際、これについて発信するのだ。

SNSにはコミュニティを創出する作用があるが、その商品やブランドのファン、もしくはその予備軍的な人たちがコンテンツに反応することで、SNS上で盛り上がりを生み出すことができる。それによってSNSのフォロワーが増えるかもしれない。ミドルファネル形成の一翼を担えるはずだ。

SNSはそれ単体よりも、コンテンツと連携することで価値を発揮する。メディアとのコンテンツ共創と、SNSの連携により、ミドルファネルがより強く形作られるのだと考えている。

テレビとネットは対ではなく、セットで考える

前章でテレビの変化について解説した。今後のテレビは、メディアとしてのパワーが今までより弱まるのは避けられないと思う。だが、テレビがなくなりはしない。これまでほどのメディアパワーがないにしても、やはりマスとしての力は保持し、その点においては、ネットはかなわない。

セグメントマスという言葉を持ち出したが、ネット広告との関係で見ると、この言葉に定義される役割として、今後も重要な存在だと思う。

前章で説明したように、スポット枠の存在意義は薄くなるだろう。何千GRPものスポットを流して、短期間で一気に認知を獲得するようなテレビ広告の役割は、要らなくな

りそうだ。だが、特定の層に対して認知を獲得するには、テレビは今後も大きな力を発揮するはずだ。

セグメントマスの広告メディアとして、極端に言うと、たった一つの番組のタイム枠を通じてCMを流せば、目標とするターゲットへの認知効果はある程度達成できる。

今は漫然とテレビをつけっぱなしにして、放送中の番組を次々に見るような視聴はあまりされない。見る番組はあらかじめ選んでおいて、それ以外は見なかったり、空いた時間に録画再生をしたり、ネットサービスでドラマや映画を見る。そんな視聴に変わりつつある。

人により見る番組が違う中、広告主は自分たちの商品を知ってもらいたい相手が、どの番組を見ているかをデータから読み取って定め、自分たちに有効なタイム枠を確保する。それによって商品認知が達成できた人びとに対して、ファネルの次に当たる興味・関心を引き出す広告を見せるために、ネットメディアの力で接してもらう。そんな流れを作ることになるだろう。

昔は多大なる金額を払って、テレビスポットをドカドカ打ち、15段の新聞広告を日本の主だった新聞社で展開する、という実にコストがかかるやり方をしていた。それによって日本中の人びとに認知させ、商品を理解させた中から、どれだけ買ってもらえるか、というやり方だった。大海原に投網をかけて、どれだけ目的の魚が獲れるか、というやり方だ。

それがテレビをセグメントマスと捉えることで、あらかじめターゲットに近い人びとに絞り込んで認知してもらい、その人たちをネットメディアで商品理解へ導く、というやり方になる。これが適切にできれば、実に効率的な広告コミュニケーションが成立する。目的の魚がいる入り江を見定めて、確実に獲る漁法だ。

ただし、テレビＣＭに接触した人に、どうやってネット広告を見てもらうのか、そこに課題が残る。テレビ視聴にＩＤが付与できれば、ＣＭ接触にＩＤを紐づけ、その人にネット広告で接触することも、理論的には可能なはずだ。

テレビ局は今、「視聴ログ」の活用を研究し始めている。その先にはＩＤの付与や、そのＩＤのネット行動の追跡把握も見えてくる。だが、個人情報保護の問題もあるので、そう簡単にはいかないだろう。

また、認知はテレビにしかできないわけでもない。たとえば今、Instagram でインフルエンサーが使っている商品を知ったフォロワーが、同じ商品に殺到して売れる、という現象も起きている。また、メディアとの共創型広告で認知することもあるだろう。

情報型の商品、スペックのみで購入を決める商品の場合は、認知から購買にいたるまで、ネットだけで完結することは今後増えると思う。必ずしも認知をテレビに頼る必要がないジャンルは活性化しそうだ。

広告は枠から人へ、人からコンテンツへ

アドネットワークが盛んになり始めた頃、「広告は枠から人へ」と喧伝された。そう表現すると、枠という無機質なものから、ヒューマンな考え方に変わったように思える。だが、ここでいう「人」とは、要するに「履歴」のことであり、つまりはcookieのことだった。

確かにデータから人物像は、ある程度分類し判別できる。だが、イレギュラーなネット行動はアルゴリズムが判別を誤り、妻に贈るために化粧品のサイトを見た途端に、女性として扱われるハプニングも引き起こした。車を買うために2週間ほどメーカーのサイトを見て回ったら、車の購入後も延々と、ありとあらゆる車のバナーを見せられ続ける。実際に私も、そんな経験をしたことがある。

そして、副作用として様々な問題も引き起こした。新しいテクノロジーでこんなことができますとアドテクの営業マンがセールスする裏で、彼自身も知らない問題が噴出してき

た。それなのに、ひとたび広告主の担当者がそうしたツールの世界に入り込み、日々上司にレポートするようになると、裏で起こっている問題からは目を背けてしまう。

かくして問題は爆発寸前の火山のように、あちこちで蒸気が吹き出し、火山の周りで予兆の山崩れを引き起こしている。

「枠から人へ」には、明らかに問題点があったのだ。もはや目を逸らしている場合ではない。むしろ問題点を直視し、火山の爆発を止めなければならない。そのためには、ルールを定めて、一斉に新しいルールのもとで行動するしかない。火山が爆発したら、麓《ふもと》にいる自分自身に跳ね返ってくる。ルールを守って噴火の勢いを沈静化するしかないのだ。

「枠から人へ」は間違っていたのだろうか。ならばもう一度、「枠」に戻るのだろうか。そうではない、むしろ「広告枠」の概念そのものを変えていかなければならない、というのがこの本で見てきたことだ。

「人へ」でないなら何か？「コンテンツへ」というのが、旅して見つけた答えだ。広告は人から枠へ戻るのではなく、人からコンテンツへシフトする。

広告はコンテンツに紐づくもの。これはまったく新しい話ではない。むしろ、もともとそうだったのだ。

テレビ番組の一社提供の話をしたが、あれこそまさにコンテンツと広告の密着関係を示すものだった。ロッテ「歌のアルバム」を見ることで、その時々の歌を、ガムで口を爽やかにしながら口ずさんだ。日立「世界ふしぎ発見！」を見ながら、世界の驚異を科学的に知りつつ、日立の技術を自然に知った。「サザエさん」は、とっくに東芝の一社提供から複数社提供になっていたのに、東芝の経営が危ういと聞くと、「サザエさん」の存続を心配する声が上がった。

コンテンツを通じて企業を知り、商品を知り、ブランドへの愛着を育ててきた。もちろんそこに、テレビCM枠があったから商品のことを理解したのだが、一社提供にはCMを見せる以上の広告効果があったのだ。

「枠から人へ」の動きは、実は広告枠をコンテンツから切り離し、効率論だけで動くようにしてしまった。その結果、副産物として問題が生まれたが、それより良くなかったのは、コンテンツとの関係を引き剥がしてしまったことだ。前にも書いたように、それは日本のテレビCMで、スポット取引が発達したことと似ている。スポット取引も、番組の価値と広告枠を切り離してしまっていた。

結果として、ネットではPV至上主義、テレビでは視聴率至上主義に陥った。双方に問題点が噴出しつつあるのは、広告はコンテンツと離してはいけなかったということではないだろうか。

実は、テレビCMの世界でも新しい売り方が登場している。SAS(Smart-Ad-Sales)というのだが、まとめ売りのはずのスポット枠を、バラ売りする手法だ。GRPでしか買えなかったスポット枠を、時間を指定して買うことができる。これもテレビCMのコンテンツ回帰の一つと捉えられる。

テレビ局からすると、実はそのほうが高く売れるし、企業からすると、本当に欲しい枠だけを買える。企業側のニーズにもよるが、お互いにとってメリットがある。「コンテンツへ」の考え方は、経済性もいいのかもしれない。

広告はコンテンツに紐づく。では、それはネットで、特にスマートフォンではどういう形であればいいのか。

2020年代は、それを考える時なのだ。仕組みありきではなく、コンテンツありきで仕組みを作る。コンテンツを閲覧することで、広告効果をどう発揮できるか。また、そのコンテンツにどうたどり着き、閲覧後にどう誘導すれば、広告主が求める結果にいたれるか。そしてその目的からすると、そのコンテンツはどう表現すればいいか。

今後考えるべきネット広告の道筋とは、そういうことだと思う。これから多くのメディア人、コンテンツ制作者、そして営業担当者が、場合によっては広告主の担当者も入り、力を合わせて開発していくことだ。自然といくつかのパターンが生まれるだろう。それをまた業界横断的に共有することで、少しずつ大きなエコシステムに育つのだと思う。

「志」という帰着点

最後にもう一度、この本の出発点に戻ろう。「広告はなぜ嫌われるのか?」という問いかけだ。

そこには根本的に、「広告は金儲けのツールだ」というイメージがあるのだろう。もちろん、モノを売ってお金を儲けるために広告は使われる。金儲けのツールである側面を否定はしない。

だが一方で、人が企業活動をしたり、モノを売ったりする行為は、そんなに蔑《さげす》むべきことなのだろうか。企業を興した人や商品を開発した人に取材すると、意外なほど使命感を持っていることに気づかされる。もっと社会に貢献したい、世の中に足りないことを解決したい。そんな思いが、企業や商品にはたくさん詰まっているのだ。だからこそ、モノを売りたいし、企業を成長させたい。

広告は、そこに一役買うシステムだ。商品を売りたい人は、まずそれを知ってほしいだろうし、理解してもらえれば、ふさわしい人に買ってもらえると信じている。そのために、広告は機能する。

広告について考える際に、いつも思い出すことがある。ある番組で紹介された田舎の小さな町のコミュニティFMだ。午後の番組のスポンサーは、その町にたった1軒だけあるスーパーで、番組の合間に特売情報が放送される。住民たちは夕方スーパーにやって来て、特売情報をもとに買い物をする。

メディアと広告が、地域の企業と結びつき、住民のためになる情報を提供する。この時、FMで流れる特売情報は、金儲けのツールで悪者だろうか。むしろ有益な情報をくれる生活に役立つ存在だろう。

高度経済成長期の60年代から70年代に、テレビCMと新聞広告を親玉としたマス広告システムができあがっていった。それは、地方から都市に出てきて、核家族を形成した人びとの欲望を喚起し、モノによる豊かさを実現していった。以来、広告は欲望の喚起システムとして機能し続けた。

その機能は、90年代以降もネット広告に引き継がれ、ＰＶ数を釣り見出しでひたすら追い求める新興メディアが、アドネットワークで成長するバックグラウンドとなった。

この本で一見筋違いのテレビＣＭの話を入れたのは、二つの欲望喚起システムが今、同時にターニングポイントを迎えているのではないか、と考えているからだ。

広告が嫌われるのは、金儲けのツールだから。欲望を躍起になって刺激するだけなら、そう言われても仕方ない。だが、広告がコンテンツに紐づく場所に立ち戻ることで、欲望の喚起とは違う役割にシフトしていくのではないか。それは、田舎町のコミュニティＦＭで流れるスーパーの特売情報に似たものではないか。

欲望ではなく、互いに必要とする、人びとと企業を結びつける装置。元々の広告の役割はそこにあるはずだし、これからもう一度、広告はそういう落ち着いた存在になっていくのではないかと思うのだ。少なくとも、メディアジーンや講談社が目指す広告の在り方は、企業と人びととのエンゲージメントを担うものだと私は感じた。

穏やかな関係構築、とでも呼ぶべき役割が、今後の広告が背負うべきものだと思う。Society 5.0から想像する、人びとが家族と落ち着いて暮らす社会を思い描くと、そんな気がしてくる。そこでは、ＡＩやＩｏＴが、慌ただしく人を振り回すのではなく、人に寄り添うテクノロジーを生み出す。同じように広告は、生活する中で自然に出会う存在であるべきだ。

そう思った時、今回取材した方々に感じた使命感のようなものが思い出される。メディアの側、広告主の立場の方たちだけでなく、広告会社やプラットフォームのビジネスセクションの方々にも、広告と社会の関係を真剣に考えている熱い志を感じた。

広告は人びとにとって必要であり、より良い生活のためにあるもののはず。だからこそ、今の問題点を解決せねば。そんな志を、不思議と共通に持っているように思えた。

そもそもメディアに関係した世界で働こうという人びとは、面白いことや新しいことが大好きなピュアな人が多い。どうしても、お金儲けは二の次にしてしまいがちだ。コンテンツへのリスペクトも、ひときわ強い人たちでもある。

そんな人たちが、ネット広告の問題に取り組むのは、メディアやコンテンツの素晴らしい世界が汚されるのを、なんとかしたいとの使命感に押されてのことだろう。ネット広告の問題解決に必要なのは、結局はそうした志なのだと思う。

この本を読んだあなたも、その志を共有してくれて、課題の解決に一緒に向かってくれればと思う。私がこの本をつくったモチベーションは、そこに尽きる。取材してわかったのは、多くの努力によって、すでにネット広告はより良い方向に向かっていることだ。そこにあなたの力が加われば、解決するに違いない。私はそう信じている。

おわりに

イースト・プレスの木下衛という名前でメールが届いたのは、2019年6月だった。書籍の企画書が添付されていて、「ネット広告はなぜ嫌われるのか?」の仮題で、以下のような趣旨で書いてみませんかという。

1)ネット広告の以前と以後で、広告の在り方がどう変わったのかを解説する。

2)広告にまつわる悪しき傾向を分析しつつ、あるべき広告の姿を展望する。

私は必ずしも「ネット広告」に詳しいわけでもないので、書けるのかなあ、と最初は腰が引けた。ただ、そのあとの説明文に、私がずいぶん前に「AdverTimes」に書いた「広告は嫌われている、という錯覚について」が腑《ふ》に落ちた、とあった。これは、この本のイントロダクションに書いたような内容の記事だ。それを出だしに、詳しい分析というより、メディア論的な書き方なら書けそうだし、面白そうだなと思った。

木下氏は会ってみると、私の息子とさほど変わらない年齢の若者で、礼儀正しい好青年だが、「熱」も持っていた。ネット広告を主題にするのは、彼なりに「今後コンテンツはどんなエコシステムで支えられるのか」を考えたくてのことだったようだ。

彼が携わる書籍事業は広告収入とは関係ないが、日常的に広くコンテンツが人びとに親しまれるには、広告によるシステムが必要だ。だが、今のネット広告は、その役割に足るのか。そんな疑問を持っているようだった。

だったら、二人で旅をして答えを探して回ろうじゃないか。取材した方々は、元々の顔見知りや、存在を知っていた人がほとんどだったが、じっくり話を聞くのは初めてだった。

想像以上にみなさんが、問題意識と、この困難に立ち向かわなければ広告がダメになるとの使命感を持っていて感服した。傍目《はため》で見て、好き勝手なことを言う私のような立場とは違い、当事者としての力強い思いに触れることができ、それぞれの時間は短くても内容の濃い取材になった。

「ネット広告はここが問題だ！」と指摘するつもりが、意外にも違う立場の人びとが、歩みを同じくして、まさに解決に向かおうとしていることを知った。特にＪＡＡの小出氏に取材に行った時期がアドバタイザー宣言の発表直前で、自分たちの取材がタイムリーだった幸運に喜んだ。だったら、そうした動きを支援し、業界世論を盛り上げるような本にせねば。この本を書く使命感のようなものが私の中でも湧いてきた。

それぞれの取材を木下青年が、いったんフルで書き起こしてくれた。一つ一つ濃い取材なので、数万字にもなったテキストから発言を拾い出して、各章を編み上げるのに、思わず時間がかかった。ここまで人様の言ったことを軸に、本を書いたこともあまりなかった。新しい知見でいっぱいになった頭の中で、これまでの経験も化学反応を起こし、取材内容以外の要素もかなりの分量になった。

まとめていくと、取材の中でこぼれ出たそれぞれの「志」が、宝石のように輝き、文章に息吹を与えていった。1章ずつ原稿を渡すと、木下青年が「みなさんの志を最後にまとめると良さそうですね」と感激しながら言う。取材対象の志に刺激された私の思いも、最終章にあふれ出た。様々に取材したレポートでありつつも、思い切りエモーションにも満ちた、この手の書籍としては少し変わったものになった気がする。

ここで改めて、取材に応じてくださった方々に御礼を申し上げたい。みなさんの志を形にできたかどうか、じっくり読んでご確認をお願いします。

根が前向きな人間なので、この本ではネット広告も含めて、広告全体が今良い方向に向かうはずだと書いている。本当にそうなるのかは、正直まったく読めない。ここから先は、現場にいる若い人たち次第だと思う。

みなさん、ぜひ頑張ってください。数年後、ふと気づくと、あの本に書いた方向にすっかりなってきたなあ。そう思えるとうれしい。きっとそうなると思う。あなたがこれから、頑張ってくれるはずだから。「はじめに」で取り上げたブログの主もぜひ読んで、改めて広告への志を持ってくれればと思う。

２０２０年５月吉日

境治

境治（さかい・おさむ）
1962年、福岡県生まれ。東京大学卒業後、広告会社I&Sに入社し、コピーライターになる。93年からフリーランスとして活動後、映像制作会社ロボット、広告代理店ビデオプロモーションに勤務したのち、2013年から再びフリーランスとなり、メディアコンサルタントとして活動中。株式会社エム・データ顧問研究員。有料マガジン「テレビとネットの横断業界誌 MediaBorder」発行。
著書に、『赤ちゃんにきびしい国で、赤ちゃんが増えるはずがない。』（三輪舎）、『拡張するテレビ』（宣伝会議）、『爆発的ヒットは”想い”から生まれる』（大和書房）など多数。

嫌《きら》われモノの〈広告《こうこく》〉は再生《さいせい》するか

健全《けんぜん》化《か》するネット広告《こうこく》、「量《りょう》」から「質《しつ》」への大転換《だいてんかん》

2020年7月29日　初版第1刷発行

著者　　境《さかい》 治《おさむ》

装丁　　長谷部貴志（長谷部デザイン室）
校正　　内田 翔

ＤＴＰ　　小林寛子
編集　　木下 衛
発行人　　北畠夏影
発行所　　株式会社イースト・プレス
〒101-0051　東京都千代田区神田神保町2-4-7 久月神田ビル
Tel.03-5213-4700
Fax03-5213-4701
https://www.eastpress.co.jp

印刷所　　中央精版印刷株式会社

ISBN 978-4-7816-1905-7